D1726616

Gérard Chambre

Pierre Cardin gibt sich die Ehre

Erinnerungen

Aus dem Französischen
von Daniel Oesch

PEARLBOOKSEDITION

J'aurais voulu être un artiste

Es ist ein großes Privileg, einem außergewöhnlichen Mann zu Lebzeiten zu begegnen, es ist ein noch viel größeres, ihn über fünfzig Jahre hinweg zu begleiten, ohne dabei zu bemerken, wie die Zeit verrinnt, oder darauf zu achten, was alles geschieht, und irgendwann zu entdecken, dass man Teil seines Lebens geworden ist, ohne es wahrgenommen, ohne es darauf angelegt, ohne es erahnt und ohne es verdient zu haben!

Wer hat nicht schon einmal davon geträumt, mit Cocteau befreundet zu sein, den Proben von Strawinsky beizuwohnen, mit Brel in einem Schaerbeeker Kaffeehaus zu singen, sich neben Mozart ans Klavier zu setzen, mit Camus eine Runde zu kicken, mit Marguerite Yourcenar etwas Kleines zu essen …?

Man kennt die Geschichte aller berühmter Menschen, ihre Biografie, ihre Glanzleistungen, ihre Leiden, die Momente ihres Ruhms.

Und Pierre Cardins Leben? Es ist uns bekannt, es ist um die Welt gegangen, überall hat er Spuren seines Werkes hinterlassen, seines Zukunftstraums, seines heftigen Verlangens, die ganze Erde zu umfassen.

Ihn selbst aber kennt man nicht, diesen so medienwirksamen und zugleich so verschlossenen Mann, würdevoll und eigenwillig, reich und schlicht, unverschämt und hochmütig, streng und doch humorvoll!

Wer das Glück hatte, ihm auf seinen Schleichwegen zu folgen, die er ständig suchte, um der Wirklichkeit zu entfliehen, um zu überraschen, zu staunen, sich am «Imaginären zu berauschen», und wer hinter ihm in die Kulissen seiner Schattentheater eindringen, hinter seine Bühnenbilder treten konnte, wo er tagaus, tagein die Fäden seiner Zukunft spann, kann vielleicht bis zur Quelle seiner Palimpseste, die er fortwährend neu schrieb, vordringen.

Wenn wir nun mit ihm diese schmalen Pfade des Alltags beschreiten und die große Legende zurücklassen, um die leisen Geschichten zu erzählen, werden wir vielleicht entdecken, was er in der Stadt verborgen hielt und was ihn im Privaten beglückte: Lachen, Spiel, Poesie, Chansons, Kino, Ballett, Theater...

Dann wird es uns womöglich gelingen, etwas vom Geheimnis jenes Menschen zu lüften, der sein Leben lang dem Ruhm nachjagte, dem es aber vergönnt war, zu werden, wovon er träumte: ein einfacher Schauspieler.

Doch das Schicksal, das auf nichts Rücksicht nimmt, sollte aus ihm einen der großen Schauspieler der Welt machen. In dieses Schicksal ergeben, tröstete er sich damit, ein Unsterblicher zu werden.

Und ich, gegen Ende seines Lebens, sein Freund.

GÉRARD CHAMBRE

Voyage, voyage

Pierre Cardin sucht Studenten für seine neue Kollektion. Interessenten melden sich am Dienstag, 24. Oktober 1967, zwischen 10 und 12 Uhr, in der Rue du Faubourg Saint-Honoré 118.

Eine knappe Mitteilung auf Radio Luxemburg, fünfzehn Sekunden lang, während ich gerade mein Frühstück beende. Gerade einmal fünfzehn Sekunden, die einen Teil meines Lebens auf den Kopf stellen werden.

Fünfzehn Sekunden, die ich nicht einfach übergehen darf.

Seit einem Jahr studiere ich, ich wohne noch bei meinen Eltern, verstehe nichts von Mode, weiß nichts über Pierre Cardin. Ich bin stolz darauf, dass ich an der Sorbonne zugelassen wurde, wo ich versuche, irgendetwas zu verstehen, und verbringe einen Großteil meiner Zeit damit, kleine Nebenjobs zu suchen, um mir ein Zubrot zu verdienen: Betreuer in einem Freizeitzentrum, Marktforscher, Page am Flughafen Orly, Lagerarbeiter bei der französischen Staatsbahn, Praktikant in einer Großwäscherei... Ich werde also zu dem auf Radio Luxemburg angekündigten Termin gehen, allerdings ohne große Hoffnung, schließlich bin ich ein Banause in Sachen Haute Couture, ein Neuling, was die Geheimnisse des Luxus angeht, ein Chorknabe in den Paradiesen dieser Welt.

Am folgenden Tag, Schlag zehn Uhr, parke ich meine verbeulte Lambretta hinter einem Baum an der Place Beauvau und begebe mich zur angegebenen Adresse. Kaum stoße ich die Eingangstür der prachtvollen Boutique «Pierre Cardin» auf, werde ich von einer Welt mitgerissen, die ich nicht kenne, ja mir nicht einmal im Traum hätte vorstellen können. Weicher Teppichboden, ein gedämpftes Ambiente, Schönheit, traumhafte Geschöpfe, raschelnde Eleganz... und ein Duft, ein Duft, der sich wie ein Schleier aus Organdy über alles legt.

Man bittet mich, einen Augenblick zu warten, bevor man mich zum Gespräch mit dem Personalverantwortlichen zitiert (der heute «HRD» heißen würde). Dieser ebenso elegante wie aufmerksame und freundliche Herr stellt mir Fragen zu meiner Familie und meinem Studium und will dann wissen, ob ich Erfahrungen mit Modenschauen hätte. Ich versichere ihm auf der Stelle (eine beinharte Lüge), ich hätte schon Fotos gemacht und Sportbekleidung vorgeführt und sei für Regenmantelmarken über den Laufsteg geschritten.

Er steht plötzlich auf, dankt mir für das Gespräch und teilt mir abschließend mit, dass es nicht passe. Halb überrascht von diesem Urteil, danke ich ihm meinerseits für den Empfang, aber bevor ich die Tür schließe, frage ich dennoch nach, weshalb ich nicht infrage käme. Er erklärt mir, Monsieur Cardin verlange formell, zwar durchaus Studenten einzustellen, allerdings nur Studenten ohne jede Erfahrung in der Modebranche, er suche Jugendliche von heute, also ganz normale junge Leute, die die Kleider der Zukunft, seine neue Kollektion tragen sollten, aber auf keinen Fall wolle er professionelle Mannequins. Während er mich hinausbegleitet, fügt er hinzu, es tue ihm leid, aber Monsieur Cardin nehme es in diesem Punkt sehr genau.

Ziemlich genervt wegen meiner dämlichen Lüge, eile ich in großen Sprüngen die Treppen hinunter, die mich zu meiner Lambretta und meinem bescheidenen Studentenleben zurückbringen, als ich mit voller Wucht gegen einen sehr eleganten, recht jungen Mann pralle und ihn fast umgeworfen hätte.

«Wer sind Sie? Was tun Sie hier?», stößt er wütend hervor. «Was glauben Sie denn, wo Sie sind? Im Stadion? Wir sind hier doch nicht auf dem Bolzplatz, junger Mann. Was ist das für ein Benehmen?»

Ich ergehe mich in Entschuldigungen, und um ihn zu beruhigen, erkläre ich ihm, dass ich wegen einer lächerlichen Lüge bei der Auswahl für Modenschauen durchgefallen bin. Komplizenhaft füge ich hinzu, er dürfe, wenn er als Model eingestellt werden wolle, keinesfalls sagen, dass er schon einmal an einer Modenschau teilgenommen habe.

Das Personal des Hauses Cardin eilt herbei, man umringt uns von allen Seiten, sorgt sich aber mit unterwürfiger Eilfertigkeit ausschließlich um mein Gegenüber: «Monsieur, ist alles in Ordnung? Ist Ihnen nichts passiert? Sollen wir die Polizei rufen?»

Ich spüre, dass es Zeit ist, mich zu verdrücken, und will gerade die letzten Stufen hinuntersteigen, als «Monsieur» mich am Ärmel zurückhält. «Kommen Sie mit, ich möchte Ihnen ein paar Fragen stellen.»

Eine sehr schöne Frau in einem schwarzen Satinkleid, deren Haar von einer Elfenbeinspange zusammengehalten wird, kommt auf uns zu und flüstert ihm mit leiser, samtiger Stimme ins Ohr: «Monsieur, vergessen Sie nicht, dass Sie jetzt eine Anprobe mit Madame de Saint-Ange haben. Sie wartet schon seit einer Stunde auf Sie.» Da wird mir klar, wer dieser «junge Mann» ist, Pierre Cardin höchstpersönlich!

Er führt mich in das erste freie Büro und stellt mir seinerseits ein paar Fragen zu meinem Studium und meinem Alter, wobei er mich von allen Seiten betrachtet. Er fragt mich, ob ich Erfahrung in der Modebranche habe und was ich später einmal werden will. Ich antworte vorsichtig auf alle seine Fragen und schließe schüchtern und etwas aufs Geratewohl: «Ich will Schauspieler werden!»

Von da an ist mein Schicksal besiegelt, ich trete in das Haus Cardin ein und bleibe über fünfzig Jahre lang ein Teil davon.

Es folgen Modenschauen, Reisen nach Brasilien, Modepräsentationen in Acapulco, Athen, Tokio, Montreal und Peking, Galadiners in Grandhotels, Fotoshootings mit Monsieur Cardin auf der Chinesischen Mauer, dem Roten Platz, dem Corcovado ... Vor mir öffnen sich die Türen zur großen, weiten Welt, und einige Monate lang stürze ich mich mit Freude und Genuss in die Arbeit. Schnell entdecke ich jedoch die Oberflächlichkeit und Leere des Model-«Berufs». Und dann kommt Mai 68.

Zwar bin ich kein Aktivist an vorderster Front, schließe mich aber dennoch meinen Kommilitonen von der Uni an, um gemeinsam mit ihnen gegen die Konsumgesellschaft zu protestieren. Es folgt die Ernüchterung.

Die Jahre gehen vorüber, und auch mein Studium, bevor ich Pierre ganz zufällig in einer Galerie von Saint-Germain wieder treffe.

«Na, Gérard, was treiben Sie so? Woran arbeiten Sie gerade?» Ich spiele damals auf verschiedenen Kleinkunstbühnen, Hausbooten und in städtischen Festsälen kleine Stücke ohne große Ambitionen. Er bittet mich, ihn auf dem Laufenden zu halten. Wie groß aber ist meine Überraschung, als er ein paar Wochen später tatsächlich an den unmöglichsten Orten bei jeder unserer Aufführungen auftaucht!

Im folgenden Sommer, ich bin eben zurück aus Avignon, wo wir mehrere Tage nacheinander ein Stück mit dem revolutionären Titel *«Prière de laisser le XXe siècle dans l'état où vous l'avez trouvé»*[1] gespielt haben, das wir zuvor über Aushänge in sämtlichen Klos der Stadt bekannt gemacht hatten, entschließe ich mich, ein Treffen mit Pierre zu vereinbaren, um ihm ein Projekt vorzuschlagen, das mir ganz und gar originell erscheint.

«Schau, Pierre, derzeit gibt es über fünfhundert Stücke mit jungen Schauspielern, die man in Avignon sehen und live auf den Bühnen des Festivals beurteilen kann. Warum nicht die zehn besten auswählen und sie gleich nach dem Festival auf den Spielplan des Espace Cardin setzen?»

«Ja, das ist wirklich eine gute Idee. Wissen Sie, ich mag junge Leute. Ich bewundere sie und will ihnen helfen. Ich war ja auch einmal jung und weiß, was das bedeutet. Und ein junger Mensch, der nicht bekannt ist, hat es heutzutage sehr schwer, ein Publikum zu finden. Mit einem Festival der besten Aufführungen aus Avignon hier in Paris könnten wir die Stars von morgen fördern. Und warum nicht schon diesen Herbst? Könnten Sie sich darum kümmern?»

Das Projekt wird für den Spätherbst geplant, und ich werde mit der Programmgestaltung beauftragt: Václav Havel, Antonin Artaud, Jean Genet, Jean Cocteau, Samuel Beckett, zu denen ich

---

1 «Bitte hinterlassen Sie das 20. Jahrhundert in dem Zustand, in dem Sie es vorgefunden haben.» (Anm. d. Ü.)

einen jungen, unbekannten Autor, Gérard Chambre, mit seinem neuen Stück «*Le petit groom de chez Maxim's*»[2] geselle. Bedauerlicherweise scheitert das Experiment. Zu Beginn stehen alle unsere Stücke auf dem Spielplan der großen Bühne des Theaters im Espace Cardin, doch schon bald haben die großen, einträglicheren Produktionen Vorrang, und je nach Auslastung der Säle müssen wir uns mit bescheideneren Räumlichkeiten zufriedengeben. Nachdem wir anfangs noch auf der großen Bühne spielen konnten, ziehen wir also in die Ausstellungsgalerie im ersten Stock um, dann in den kleinen Vorführraum im Untergeschoss und schließlich in den Garderobenraum. Zuletzt sind alle Säle belegt: Das ist das Aus für das «Festival nach dem Festival».

«Sehen Sie, Gérard, ich kann die Anmietungen nicht ablehnen, da geht es um viel Geld. Sie verstehen, alle wollen sie bei mir spielen, und ich muss ihnen den Vortritt lassen: Das sind richtig große Budgets. Ich bekomme ja keine Subventionen, stattdessen kämpfe ich jeden Tag, um mein Theater in Gang zu halten.»

«Das verstehe ich gut, Pierre, deshalb dachte ich auch an etwas anderes. Warum führen wir *«Le petit groom de chez Maxim's»* nicht an seinem Originalschauplatz auf?»

«Am Originalschauplatz, was meinen Sie damit?»

«Na, im Maxim's! Das Restaurant ist doch montags geschlossen, da könnte man es in ein Theater umwandeln und dazu die kleine Bühne sowie einen Teil des Lokals nutzen. Was halten Sie davon?»

«Absolut einverstanden, Gérard! Ich mag dieses Stück sehr, es wird uns viel Publikum bringen, da bin ich mir sicher. Aber ich stelle zwei Bedingungen: Um die Kostüme kümmere ich mich selbst, und der Eintritt beträgt fünfunddreißig Euro, wir sind schließlich im Maxim's!»

So verfüge ich für dieses Stück nicht nur über das sagenhafte Ambiente des Restaurants, sondern auch über das gesamte Tafelsilber, den Champagner der Bar, und die von Pierre Cardin höchstpersönlich neu entworfenen Originalkostüme.

2 «Der kleine Page bei Maxim's» (Anm. d. Ü.)

«*Le petit groom*» wird das erste einer langen Reihe von Stücken, die die nächsten fünfzehn Jahre auf dieser Bühne aufgeführt werden. Und ich damit zum «Direktor» vom Theater «Chez Maxim's», dem kleinsten unter den ganz großen!

À Paris

«Ich möchte Ihnen nun erzählen, wie ich die Welt der Haute Couture betreten habe. Während des Kriegs habe ich unter General Dupuisot für das Französische Rote Kreuz in Vichy gearbeitet. Bei Kriegsende wurde ich in einem Modegeschäft angestellt, wo ich den Bewohnern der Stadt Hosen, Kleider und Anzüge verkaufte. Gleich bei meiner Anstellung wurde ich Erster Verkäufer – tatsächlich war ich auch der einzige des Geschäfts – und hatte großen Erfolg bei meiner Kundschaft. Ich traf dort auf die Prominenz von Vichy, die sich nur schwer von den Ereignissen, vom Krieg und davon, dass der Name der Stadt unweigerlich mit dem des Marschalls verknüpft war, erholte und versuchte, diese tragische Episode zu vergessen, indem sie dem Vergnügen und der Leichtigkeit des Seins hinterherjagte. Obwohl mir die Stadt gefiel, hatte ich doch, das muss ich zugeben, nur einen Wunsch: Ich wollte nach Paris.

Die Besitzerin des Geschäfts, eine junge Frau namens Victorine de Chazal, riet mir eines Tages, eine ihrer Stammkundinnen aufzusuchen, die über erstaunliche hellseherische Fähigkeiten verfügte und die Zukunft voraussagen konnte. Wenngleich ich diesen Phänomenen skeptisch gegenüberstand, begab ich mich am Vorabend meiner Abreise doch zu Madame Soléra. Sie wohnte in einer kleinen Kellerwohnung in der Nähe des Bahnhofs, die sie in eine Art Museum verwandelt hatte, das mit allerlei mehr oder weniger geheimnisvollen Gegenständen vollgestopft war: kleinen ägyptischen Statuen, ausgestopften Tieren, chinesischen Figürchen, esoterischen Bildern, tibetischen Gebetsmühlen. Sie forderte mich auf, in einem sternenübersäten Armsessel Platz zu nehmen, und nachdem sie ein Räucherstäbchen angezündet hatte, warf sie für mich die Kaurimuscheln[3]. Sie erklärte mir, sie kenne diese Technik aus Brasilien, wo sie mehrere Jahre gelebt

3 Diese kleinen Muscheln aus Afrika dienten lange Zeit als Tauschmittel, bevor sie verwendet wurden, um die Zukunft vorherzusagen.

13

hatte. Laut ihrem Bericht hatten die dortigen *madres de los santos* sie die Rituale des Candomblé gelehrt, jener animistischen Religion aus dem ehemaligen Dahomey in Westafrika. Auf einem großen Tablett warf sie also die kleinen Muscheln aus, und je nachdem, wie sie zu liegen kamen, machte sie Voraussagen. Als Erstes aber sagte sie mir meine Vergangenheit ‹voraus›! Ich war zunächst ein wenig enttäuscht, rasch aber staunte ich über die Exaktheit ihrer Kenntnisse. Ohne dass wir uns je begegnet waren, ohne irgendeinen früheren Kontakt, konnte sie mir ganz genau die wichtigen Ereignisse meines Lebens nennen. Tief beeindruckt, befragte ich sie zu meiner bevorstehenden Reise nach Paris.

Zuallererst versicherte sie mir, ich würde berühmt, ja sehr berühmt und mein Name in aller Welt bekannt werden, ich würde um die Welt reisen, bis nach Australien, Japan und zum Nordpol. Ich würde sehr reich werden und mehrere Schlösser besitzen. Dann gab sie mir ein Gebräu zu trinken, das sie selbst zubereitet hatte, und fragte mich: ‹Wann gehen Sie nach Paris?› ‹Morgen›, gab ich zur Antwort. ‹Sie werden also Folgendes tun: Sobald Sie dort sind, werden Sie einen in der Modewelt sehr berühmten Mann treffen, Sie werden mit ihm gehen und mit ihm reden, und er wird Sie in diese Welt einführen, für die Sie bestimmt sind. Dieser Herr heißt Waltener. Merken Sie sich den Namen gut: Waltener. Er wird für Sie sehr wichtig sein und Ihnen alle Türen öffnen. Über ihn werden Sie mit allem, was in Paris Rang und Namen hat, in Kontakt kommen. Das wird der Anfang Ihres neuen Lebens, der Anfang von Ruhm und Reichtum.›

Wie betäubt ging ich, erschüttert von dieser Begegnung und den Voraussagen, zurück zu meinem kleinen Hotel in der Rue des Vignes, wo ich meine letzte und, Sie ahnen es, äußerst unruhige Nacht in Vichy verbrachte.

Am Tag darauf nahm ich den Zug. Paris, Gare de Lyon: was für eine Enttäuschung. Paris-Paradies, die Stadt der Lichter, das Paris meiner Kinderträume ... war in Wirklichkeit nichts anderes als schreckliche Kälte, ständiges Geschubse, überfüllte Gehsteige, Staus, lärmender Verkehr, Rauch, Abgase und ohrenbetäubendes Gehupe.

Als ich aus der U-Bahn trat, regnete es sintflutartig. Eingemummt in meine Lammfelljacke mit Pelzkragen, die ich mir selbst angefertigt hatte, flüchtete ich rasch ins nächste Café, um mich aufzuwärmen. Mit meinen Lebensmittelkarten bestellte ich eine Viandox-Bouillon. Im andauernden Gedränge aus Gästen und Kellnern klammerte ich mich an den Tresen wie an ein im Meer treibendes Rettungsboot. Neben mir stand ein ausgesprochen würdevoller Herr, Filzhut auf dem Kopf, Glencheck-Zweireiher, Zigarette mit silberner Spitze, Manschettenknöpfe aus Perlmutt. Von einem eiligen Gast angerempelt, prallte ich gegen ihn. Unsere Blicke kreuzten sich, und ich entschuldigte mich sogleich. Er schenkte mir ein breites Lächeln, und aus Schüchternheit, da ich nicht wusste, was ich sagen sollte, erwiderte ich sein Lächeln, was uns beide zu einer Unterhaltung ermutigte. Paris, Vichy, der Krieg, Banalitäten, die in der unumgänglichen Frage mündeten: Und was machen Sie in Paris? Überrumpelt stammelte ich eine nichtssagende Erklärung, bis mir mit einem Schlag der Name Waltener wieder in den Sinn kam. Ich setzte nach, ich hätte eine Verabredung mit einem Herrn Waltener. Er trat einen Schritt zurück, sah mir scharf in die Augen und sagte: ‹Mein Herr, Sie sind ein Lügner, ein ausgefeimter Lügner!› Ich stotterte, zitternd vor Scham und Kälte, und verteidigte mich, so gut ich konnte. ‹Warum sagen Sie so etwas? Warum nennen Sie mich einen Lügner?› Gefasst und ohne den Blick von mir abzuwenden, antwortete er mir: ‹Ganz einfach, weil *ich* Monsieur Waltener bin.›

Verwirrt und errötend erzählte ich ihm von meiner Abreise aus Vichy, von der Geschichte der Wahrsagerin, von meinem Wunsch, in die Welt der Mode einzutreten, und von diesem unglaublichen Zufall. Die Unterhaltung wurde an einem frei werdenden Tisch fortgeführt. Er bestellte zwei Milchkaffees und zwei Croissants, bevor er mir erklärte, es gebe keine ‹Zufälle›, keine ‹coïncidences›.

Im Italienischen – das war mir sehr wohl bewusst – bedeutet ‹coincidenza› so viel wie ‹Anschluss› beziehungsweise auf Englisch ‹*connecting flight*›. In den Gängen der italienischen Flughäfen findet man das Wort hier und dort auf Schildern: ‹Coincidenza›. Bei einer ‹coïncidence›, einem Zufall, handelt es sich daher, so erklärte er mir, um einen Anschluss, aber dieser Anschluss kann von unserem kleinen, armen Geist nicht verstanden werden. ‹Im jetzigen Augenblick?›, fragte ich schüchtern nach. ‹Ja, Sie haben recht, denn erst mit der Zeit können wir die Dinge irgendwann begreifen. Manchmal. Kommen Sie mit.›

Er nahm mich in einem Taxi mit zur Rue du Faubourg Saint-Honoré 115, wo ich zum ersten Mal durch die Tür der Maison Dior trat. Ich fing dort als Lehrling an und wurde mit den verschiedensten Aufgaben des Hauses betraut. Mein Leben und meine Karriere nahmen von nun an eine ‹coincidenza›, einen ‹Anschluss› nach dem anderen im großen Labyrinth der Flughäfen dieser Welt.»

Every Time I Meet You

Wir haben soeben die Vorstellung im Maxim's beendet, wo wir an jedem montäglichen Ruhetag des Restaurants auftreten. Die Stimmung ist immer gut, und die Aufführungen sind ein voller Erfolg. Überrascht von der außerordentlichen Schönheit des Ortes, der Originalität der Vorstellung – und dem Talent der Schauspieler! –, zögern die Zuschauer kurz, bevor sie sich von den 97 Sitzen erheben, die einer nach dem anderen vom ersten Stock für die 97 Hinterteile der Gäste heruntergebracht wurden, die beim Platznehmen entzückt waren über den Gedanken, dass die Callas, Jacky Kennedy oder Marcel Proust, für die literarisch gebildeten unter ihnen, schon einmal darauf gesessen haben könnten. Es folgt die allseits beliebte After-Show-Party, die Teil des Vergnügens, ja des Privilegs ist, sich ganz ungezwungen unters Volk zu mischen: unter Schauspieler, Zuschauer, Freunde und Gäste – die gekommen sind, um sich gratis die Augen auszugucken – sowie engere Freunde, Groupies, Stammgäste und Vertraute – kurz, die feine Gesellschaft. Und an diesem Abend war auch Pierre Cardin zugegen.

Auf die allerletzte, vorgeblich improvisierte Zugabe – «*Si vous aimez les poitrines*» von Cole Porter – folgen Beifall, Verbeugungen der Truppe und der unumgängliche, leicht unterwürfige Dank an Pierre Cardin, der sich wie gewöhnlich auf einen der schlechtesten Wackelstühle aus der großen Zeit des Maxim's zurückgezogen hat, auf dem bestimmt schon Irma de Montigny oder der Herzog von Windsor getanzt haben, um sich in Szene zu setzen.

«Wir freuen uns, heute Abend, an diesem außergewöhnlichen Ort jenen Mann begrüßen zu dürfen, ohne den weder Sie noch wir hier wären; jenen Mann, der sich neben seiner Arbeit als Designer und weltberühmter Modeschöpfer seit Jahren um die Welt des Theaters, um Schauspieler, Tänzer und Sänger bemüht; jenen Mann, der vielleicht selbst einmal davon geträumt hat,

Schauspieler zu werden, und der einem Gérard Depardieu, einem Coluche, einem Serge Lama und vielen anderen ihre erste Chance gab; jenen Mann, der diesen magischen Ort wieder zum Leben erweckt hat ... *(Das Publikum erhebt sich wie ein Mann.)* Ich bitte Sie um Applaus für Monsieur Pierre Cardin! *(allgemeine Ovation)*»

Pierre Cardin richtet sich langsam auf, als erwachte er aus einem tiefen Schlaf, und mit dem überraschten Kinderlächeln, das er hinter seiner eckigen Brille zu verbergen sucht, nimmt er im grell erleuchteten Maxim's bescheiden den nicht enden wollenden, brausenden Beifall entgegen. Einen Augenblick lang schaudert Pierre Cardin, dann gibt er sich ganz der auf ihn niederrauschenden Bewunderung hin. Er nimmt sie bis aufs letzte Tröpfchen in sich auf und versinkt wieder in seinem Sessel. Der Moment ist gekommen, auf die Erde zurückzukehren. Der donnernde Beifall lässt nach, alle setzen sich wieder.

«Wenn Ihnen, liebes Publikum, diese Aufführung gefallen hat, wenn Sie uns geliebt haben, so wie wir Sie geliebt haben *(heiteres Gemurmel unter den Zuschauern)*, dann versäumen Sie bitte auf keinen Fall, Ihren Freunden, Ihren Feinden, Ihrer Bäckerin, Ihrem Finanzbeamten, Ihrem Hausmeister davon zu erzählen, denn die einzige Werbung für diese Aufführung ist die Mundpropaganda! Seien Sie versichert: Sie sind unser bester Mund, und wir Ihre besten Ohren. Oder umgekehrt, ich weiß es nicht. Nun ja, wir verabschieden uns, aber um diesen außergewöhnlichen Abend zu feiern, laden wir Sie noch auf ein Gläschen Champagner an die Bar ein *(Beifall)* ... für bescheidene fünfzehn Euro. *(allgemeines Gelächter)*»

Für einen Teil der Truppe ist es an der Zeit, sich unter die um den Tresen drängenden Zuschauer zu mischen, um die neugierigsten Fragen zu beantworten, die schmeichelhaftesten Komplimente entgegenzunehmen, für die unvermeidlichen Erinnerungsfotos zu posieren und die Flugblätter der Aufführung zu verteilen, während der andere Teil der Truppe die 97 Sitze wieder in den ersten Stock hinaufschafft. Pierre Cardin, umringt von einer kleinen Gruppe begeisterter Anhänger, die unbedingt ein Selfie mit dem Meister machen wollen, bemüht sich, auf die naiven Huldigungen wie auch auf die manchmal indiskreten Fragen zu antworten, freundlich und geduldig und mit einem großherzigen Lächeln, allerdings wendet er von Zeit zu Zeit seine berühmte Technik der Grimasse an, wenn ihm die Situation zu trivial erscheint oder er auf dem Foto nicht wiedererkannt werden will.

Als ich an ihm vorbeigehe, um einen Kommentar, ein Kompliment oder eine Kritik zur Aufführung aufzuschnappen, nimmt er mich bei der Hand und flüstert mir zwischen zwei Fotos ins Ohr: «Ich habe etwas sehr Wichtiges für Sie. Kommen Sie morgen bei mir vorbei.»

Am folgenden Tag gehe ich zu dieser Verabredung, von der, wie ich weiß, durchaus nicht feststeht, ob sie wirklich stattfinden wird. Pierre Cardin ist ein äußerst sprunghafter, unvorhersehbarer und undurchschaubarer Mann, der zudem die absolut beeindruckende, fast übernatürliche Gabe hat, überall gleichzeitig zu sein. Zwar hat er eine Sekretärin, die allerdings nie weiß, wo er sich gerade befindet. Er besitzt keinen Terminkalender, kein Mobiltelefon und natürlich keinen Computer – wie vulgär wäre das! Wie unnütz! Seine Verabredungen sind daher immer vage und ungewiss, weshalb nur schwer vorhersehbar ist, ob man ihn zu besagter Stunde und am vereinbarten Ort tatsächlich antreffen wird. Eine Einladung von ihm ist nie fest, und die Zeit des Wartens, Stunden, Tage oder Wochen, ist unbestimmt, aber durchaus real.

Letztlich entbehrt diese Auffassung von Zeit, die absolut vom Zufall bestimmt ist, nicht eines gewissen Charmes, sogar eine Art Poesie lässt sich darin erkennen, die alle dazu zwingt, Gewohnheiten und Erwartungen zu verdrängen, eine neue Zeit zu erfinden, indem sie ihre eigene anpassen. Man legt die alte Uhr ab und betritt eine andere Welt.

Sobald das Gerücht, *er* sei im Hause, die Runde macht, beschleunigt sich die Zeit abrupt. Jeder will seinen eigenen Vorschlägen schnellstmöglich den letzten Schliff geben und versuchen, der Erste vor der Bürotür des Meisters zu sein. Denn darauf kommt es an: der Erste vor der Tür zu sein. Kurz, es ist nie einfach, Pierre Cardin anzutreffen, und auch nicht vorauszusehen, wo und wann er zu sprechen sein wird. Wir nennen das den «Quanteneffekt» (wenn die freien Elektronen sich verteilen, indem sie die von den möglichen Werten der Elementarteilchen frei gewordenen Plätze einnehmen).

Pierre Cardins Büro – oder, genauer gesagt, seine beiden Büros, die durch eine kleine Tür miteinander verbunden sind – gehört zu den heiligsten und unzugänglichsten Orten der «Maison» und befindet sich im zweiten Stock des Gebäudes an der Place Beauvau. Hinein kommt nicht jeder, der will, sondern nur, wer kann. Umgekehrt kommt auch niemand unversehrt wieder heraus. Und es gilt die eiserne Regel: Niemand darf das Büro betreten, wenn der Hausherr nicht anwesend ist. Im Übrigen ist das Büro verschlossen, und der im Schloss steckende Schlüsselbund zeigt symbolisch an, dass er da ist.

Und an diesem Tag ist er da!

Also beeilen sich diejenigen seiner Mitarbeitenden, die das Glück haben, darüber Bescheid zu wissen, um das unmögliche Treffen zu ergattern. Innerhalb weniger Minuten drängen sich bereits an die fünfzehn Anwärter auf einen Termin vor seiner Tür und warten. Die Regel ist einfach: Man reiht sich mit seinen Dokumenten unterm Arm in die Schlange ein, denn empfangen wird nach der Reihenfolge des Eintreffens. Oft zieht sich das Warten endlos in die Länge. Gelegentlich kommt es vor, dass einige das Privileg erhalten, vorrangig Zugang zu bekommen, während weniger Glücklichere versuchen, gegen die Regel zu verstoßen und sich nach vorne zu drängeln – «Es dauert nicht mal zwei Minuten!» –, aber jeder lernt schnell, dass man nicht nachgeben darf, denn allzu oft werden aus zwei Minuten zwei Stunden.

Also wartet man. Kein Stuhl, keine Zeitschriften wie beim Zahnarzt, nichts, um die Beine auszuruhen oder den Geist abzulenken, auch nichts, um Haltung zu bewahren. Alle, und im Laufe der Zeit werden es immer mehr, warten in eisiger und fast religiöser Stille.

Nach einem festgelegten Ritual setzt jeder seine geheimnisvollste Miene auf und schweigt sich über den Grund seines Treffens aus, um dessen Bedeutung zu vergrößern. Man wirft sich schiefe Blicke zu und schätzt die Zeit ab, die die vor einem Stehenden – der Finanzier, der Verantwortliche für die chinesischen Lizenzen, der Zeichner, die Kommunikationsbeauftragte, der Buchhalter – wohl brauchen werden. Die Unterhaltung beschränkt sich auf das Nötigste, ein paar Höflichkeitsfloskeln, wenn es nicht anders geht. Jeder bereitet innerlich sein Gespräch vor, wobei er insgeheim darauf lauscht, was kaum hörbar hinter der Tür geschieht, aber je nach Tonfall auf das mögliche Ende des laufenden Gesprächs hinweist. Schließlich verlässt der zuerst Empfangene das Büro, und alle Augen richten sich auf ihn, denn man will ihm das Ergebnis der Unterredung vom Gesicht ablesen: Tritt er siegreich hervor, hat er seine Unterschrift, sieht er mitgenommen aus, dann wird der eigene Vorschlag gewiss besser ankommen. Einer, der verwegener ist als die anderen, erlaubt sich die frevelhafte Frage: «Wie ist er denn heute so?», und wie ein Priester, der gerade Gott persönlich gesprochen hat, antwortet der soeben aus dem Büro Tretende mit vorgeblich großzügiger Unparteilichkeit, doch böser Absicht: «Nicht einfach, gar nicht einfach.» Während der Nächste sich schon bereit macht, die Schwelle des heiligen Ortes zu überschreiten, und sorgfältig sein blasslila Einstecktuch zurechtrückt, fügt er mit kaum verhohlener Boshaftigkeit und lässig hinzu: «Er will Gérard sehen. Jetzt gleich.»

Allgemeines Erstaunen bricht mit diskreter Verbitterung hervor und weicht rasch Bedrücktheit, ja echter Niedergeschlagenheit angesichts einer solch ungerechten Wahl – Wie bitte? Gérard? Ein Typ, der kein ernst zu nehmendes Dokument bei sich trägt und obendrein für das weltweite Schicksal des Unternehmens, das jeder persönlich zu verteidigen vorgibt, keine Bedeutung hat?

Da gehört es für die eigene Rechtfertigung zum guten Ton, zu sagen: «Ich brauche nur zwei Minuten», was die hasserfüllten Blicke, die den Schuldigen aus der Warteschlange heraus durchbohren, natürlich keineswegs verhindert, obwohl alle schon seit Langem wissen, dass die Zeit nicht von dem abhängt, der vorgelassen wird, sondern von dem, der vorlässt – *Introibus! Introit!*

Uff! Endlich drinnen. Die Tür schließt sich sanft hinter meinem verhaltenen Jubel darüber, auf wundersame Weise dem schmachvollen Gesetz des Wartens entronnen zu sein.

Der Vater, der Heilige Vater ist da, heiter, elegant, verfügbar und freundschaftlich, und tut, als würde er wohlwollend zuhören. Doch nach ein paar beruhigenden Grußworten – er ist also guter Laune! – bleibt einem das altbekannte Ritual nicht erspart: seinen Blick in die Presse. Auf einem Schreibtisch häufen sich die verschiedensten Gegenstände (chinesische Lampen, bunte Strümpfe, vielfältig gestaltete Parfümflakons, antiquarische Bücher, Fotos mehr oder weniger berühmter Menschen, Marmorskulpturen, antike Vasen neben postmodernen, regenbogenfarben schillernden Statuen aus Plastik, japanische Gemälde usw.), ähnlich wie an den Paul-Bert-Marktständen auf dem Flohmarkt von Saint-Ouen. Eine heilige Ecke aber bleibt den neuesten Zeitungen, Artikeln und Fotos vorbehalten, die vom Meister berichten. Mit der vorgetäuschten Bescheidenheit und Lässigkeit eines ehrgeizigen jungen Mannes, der triumphierend aus seinem ersten Vorstellungsgespräch hervorgeht und vor Freude und Stolz errötet, stürzt sich Pierre Cardin in die internationale Presse: die erste Seite von *Harper's Bazaar,* ein Foto in der *Vogue,* ein vierseitiger Artikel im *Corriere della Sera* und weiter mit dem *Times Magazine,* der *Tokyo Shimbun,* der *Beijing Information* … Seine Begeisterung, sein Glück bei dieser globalen Presseschau lösen beim stillen Betrachter seines Siegeszuges, den Cardin mit Jubel vor ihm aufrollt, natürlich spontanen Respekt und Bewunderung aus, aber auch eine gewisse Zärtlichkeit für den übergroßen Stolz, die grandiose Freude des 94-Jährigen, der sich immer noch von seinem Erfolg überraschen lässt.

Um sein Glück darüber, von der ganzen Welt so hochgeschätzt zu werden, noch zu verlängern, geht er kurz in das Büro nebenan und kommt mit alten, vergilbten Fotos zurück.

«Sehen Sie, das bin ich an der Seite von Jacqueline Kennedy. Und da mit Fidel Castro, oder hier mit der Callas.»

Die Zeit vergeht, vergeht in Windungen, goldenen Schleifen, Spiralen, Kreiseln. Wir lassen uns beide wiegen vom Strom der Erinnerungen, jenem sehnsuchtsvollen Walzer der Fotos und Presseartikel, der hypnotisierenden, leisen Musik exotischer Abenteuer, im Takt von Gedichten und Chansons. So verrinnt die Zeit. Langsam.

Ich bin wohl schon seit gut fünfunddreißig Minuten im Büro, ich empfinde, das muss ich zugeben, einen gewissen Genuss, mir die Unruhe jener vorzustellen, die in der Warteschlange vor der Tür stehen. Ich glaube sogar, ihr ungeduldiges Füßescharren zu hören. Fünfunddreißig Minuten, und ich weiß noch immer nicht, warum mich Pierre Cardin zu sich gebeten hat. Sie werden mich lynchen, so viel steht fest.

Als er mir das x-te Foto zeigt, nutze ich die Gelegenheit und zwänge mich in eine Lücke seines Monologs.

«Ja, richtig, Pierre, ich war mit Ihnen da, als dieses außergewöhnliche Foto in Neil Armstrongs Weltraumanzug im Nasa-Museum von Houston geknipst wurde. Das war eine meiner ersten Reisen mit der Model-Truppe.»

«Ja, das stimmt. Ich erinnere mich jetzt sehr gut daran. Sie waren auch in Japan dabei, mit Gilles und Maryse, nicht wahr?» Er nimmt das Foto wieder in die Hand und betrachtet es zärtlich. «Die Aufnahme hat mich eine Stange Geld gekostet, wissen Sie. Ich musste dem Museumswärter ein fürstliches Trinkgeld geben, damit er abends nach Schließung des Museums noch einmal zurückkam und ich mir erlauben konnte, diesen Raumanzug überzustreifen. Aber das war es wert. Das Foto ging um die Welt.»

Während ich selbstverständlich zustimme, versuche ich, ihn zurück in die Umlaufbahn unseres Gesprächs zu bringen, mit Kurs auf den eigentlichen Zweck meiner Vorladung, der mir allerdings noch immer unbekannt ist.

«Die ganze Model-Truppe hatte mit Ihnen bei einem der Astronauten zu Abend gegessen. Wir hatten gerade wieder einen Ihrer ‹Cosmocorps› angelegt, diese futuristischen Anzüge, die Sie für Ihre letzte Kollektion entworfen hatten, und es endete damit, dass wir alle komplett angezogen in den Pool sprangen! Für den Rest unserer zehntägigen Reise durch die USA hatten wir außer diesen keine weiteren Anzüge mehr. Glücklicherweise haben sie das ‹improvisierte Bad der Erdbewohner› überlebt.»

Die Zeit gleitet weiter über den grünen Teppichboden seines Büros, so scheinbar langsam wie ein Raumschiff, das durch die Stille des Weltraums zieht.

Werden die da draußen die Tür einrennen? Pierre beruhigt mich mit einem breiten Lächeln und schlägt plötzlich einen vertraulichen Ton an:

«Ich habe ein großes Projekt für Sie.»

Arrivederci Roma

Der Zug Paris–Genf um 11 Uhr 40 ist ein Zug, wie es ihn eigentlich nicht mehr gibt. Zwar hat er keinen vornehmen Speisewagen mit feinen Tischdecken und erlesenem Tafelgeschirr, er ist nicht der Flèche d'Or oder der Mistral und auch nicht der Simplon-Orient-Express, aber er hat das gewisse Etwas an Eleganz und Lässigkeit, wozu vielleicht auch die ausgesuchte Aufmerksamkeit des Personals beiträgt, das sich während der dreieinhalbstündigen Reise offenbar ausschließlich um den Komfort und das Wohlergehen der Fahrgäste kümmern will. Alles ist sorgfältig orchestriert: das Einsteigen und der persönliche Empfang, die Getränke, die Zeitungen und Zeitschriften, das Vorstellen des Menüs, die Bedienung am Tisch, der Kaffee, der Likör – und schon fahren wir in den Bahnhof von Genf ein.

Die Passagiere haben mit der Uhrzeit und dem Zug keine schlechte Wahl getroffen, man reist in bester Gesellschaft. Der Wagen erster Klasse strömt Ruhe, ja beinahe Sinnlichkeit aus: wichtige Männer in Zweireihern mit Kaschmirwesten und dunklen Krawatten, Geschäftsfrauen in eleganten Kleidern, diskrete Gespräche, gepflegtes Dösen in den tiefen Ledersesseln, die *New York Times* vor sich aufgefaltet und als Duft der Schiene Chanel N°3. Man kennt sich, man erkennt sich und täuscht doch Gleichgültigkeit vor.

Mir gegenüber sitzt Pierre, der nach einem langen Gespräch mit der Zugbegleiterin eingenickt ist. Er liebt das Reisen, alle Reisen, die kleinen wie die großen, die langen wie die kurzen. Er genießt diese Zeit außerhalb der Zeit ungemein und liebt es, sich seinen wahren Gedanken, seinen Wünschen und Genüssen zu überlassen und dabei die Steifheit jener Person, zu der er sich machte – oder zu der man ihn machte –, in einem Anderswo, das in diesen Momenten nicht mehr existiert, zu vergessen. Er ist vergnügt wie ein Kind, das zum ersten Mal mit dem Zug fährt, das Meer entdeckt oder zum Geburtstag das Geschenk bekommt, das es sich schon vom Weihnachtsmann gewünscht hatte. Es sind dies ganz besondere Augenblicke, aus denen er vielleicht die ganze Freiheit und Vorstellungskraft schöpft, die für seine Kreativität, für seine Lust, mit der Welt zu spielen, notwendig sind. Seine Unterhaltung ist heiter, flüssig, ungezügelt. Er wird zu dem, was er im Privaten ist, ein wunderbarer Geschichtenerzähler, ein Mann, der sein Vergnügen ohne Einschränkung oder falsche Scham an jene verschenkt, die ihn, wie er glaubt, verstehen.

Ich kenne alle seine Geschichten auswendig, aber ich liebe es, wieder und wieder dieser Legende zu lauschen, die sein echtes Leben ist und die er im Verlauf eines Abendessens, einer Autofahrt oder, besser noch, während einer Reise nur zu gern vor seinen Zuhörern ausbreitet. Ich weiß, dass er das Erzählen dem Zählen vorzieht.

«Als ich zusammen mit meiner Familie Italien verließ, nahm ich zum ersten Mal den Zug. Wir teilten uns zu acht ein Abteil, zusammengedrängt wie Nadeln in einem Nähkorb. Ich hielt mein Gesicht in einer Art innerer Isolation an das Wagenfenster gedrückt, um alle Bilder der Landschaft einzufangen, die wie in einem Film ohne Geschichte und ohne Ende vor meinen Augen vorbeirasten, und keines davon zu verpassen. Ich muss damals vier oder fünf Jahre alt gewesen sein, und ich war entzückt von diesem Schauspiel, das ich zum ersten Mal erblickte.

Von Zeit zu Zeit verdunkelte eine schwarze Rauchwolke voller rötlich schimmernder Funken und Flugasche die Bilder auf der Leinwand meiner Träumereien. Ich hatte das Gefühl, auf einem riesigen Tier zu reiten, im Bauch eines schwarzen Drachens oder eines Menschenfressers zu hocken, einem Wesen, das sich durch die Berge schlängelte und Rauchspiralen ausspuckte, die über unseren Köpfen auseinandergezogen wurden, um sich zuletzt in den Wolken aufzulösen. Hinter dieser riesigen Maschine, schön wie der Teufel, stellte ich mir eine wunderbare Reise vor, die uns nach Paris – oh Paris-Paradies! – führen würde, ohne dass wir wirklich gewusst hätten, wohin wir fuhren. Wie im Märchen: die schreckliche eiserne Bestie, brutal und sanft zugleich, gehüllt in unheimliche Schwaden, eine Bestie, ein schönes Biest… ‹Die Schöne und das Biest›[4], schon damals!

Das Gesicht an die Scheibe gepresst, verschlang ich weiter die vorbeirasenden Landschaften, als nach einer Kurve plötzlich alles schwarz wurde. Eine Sirene jagte wie ein Blitz durch meinen Kopf. Vollkommene Dunkelheit. Ich war blind geworden! Völlig blind! Alles war mitten am Tag schlagartig dunkel geworden. Absolut dunkel. Trotz meiner weit aufgerissenen Augen sah ich nichts mehr. Ich schrie los, brüllte, und bei jedem meiner Schreie ertönte die Sirene noch lauter, nicht einmal das Dröhnen des Zuges hörte ich mehr oder das Heulen der Maschine, die auf jeden meiner Schreie zu antworten schien, mir durch den ganzen Körper fuhr. Ich war blind. Ich war komplett blind geworden!

Alle stürzten sich auf mich, um mich zu beruhigen, wollten sich um mich kümmern, aber ich hielt die Augen geschlossen und stellte mir blitzartig mein Leben, mein neues Leben in der Dunkelheit vor: keine Flüsse mehr, keine Wälder, keine Sonne, kein Leben. Ich hörte dumpfe Stimmen, spürte, wie Arme mich umfassten, Hände mich streichelten, aber gleichzeitig schien das Stimmengewirr leiser zu werden, bis tiefste Stille herrschte: blind und dazu noch taub!

Gelähmt von der Angst, diese Welt verlassen zu haben, versuchte ich zaghaft, aus diesem Albtraum auszubrechen. Nach und nach öffnete ich meine Augen einen Spalt weit, ganz vorsichtig, ohne wirklich daran zu glauben, und das Wunder geschah: Die heilige Odilia musste ein Einsehen gehabt haben, jedenfalls konnte ich wieder sehen. Ich war nicht mehr blind. Und wissen Sie warum nicht? Wir waren eben aus einem Tunnel herausgefahren. Einem Tunnel! Ich hatte noch nie einen gesehen. Ich war zum ersten Mal durch einen Tunnel gefahren. Schweigend und kläglich nahm ich wieder meinen Platz am Fenster ein. Gerade hatte ich die erste Lektion meines Lebens gelernt: Aus einem Tunnel kommt man letztlich immer heraus.»

4 Für Jean Cocteaus Film «*La Belle et la Bête*» aus dem Jahre 1946 entwarf Pierre Cardin die Kostüme. (Anm. d. Ü.)

«Pierre, wir treffen in Genf ein. Ich nehme Ihre Tasche, soll ich ein Taxi rufen?»

«Das ist nicht nötig, es sind nur ein paar Schritte vom Bahnhof, wir gehen zu Fuß. Und wenn wir dort angelangt sind, rufe ich meinen Notar an, damit er uns empfängt.»

The Show Must Go On

Der Zweck unserer Reise bestand darin, dass Pierre Cardin mir das seit Langem geschlossene Maxim's in Genf zeigen wollte, das nicht weit vom See und seiner berühmten Fontäne entfernt vor sich hin schlummerte. Das Genfer Maxim's, von dem ich bislang noch nie gehört hatte und dessen Leitung mir Pierre anvertrauen wollte, einfach so.

Also nehmen wir die große Geschäftsstraße, die vom Bahnhof zum See führt. Wir gehen in zügigem Tempo von einem Bürgersteig zum anderen. Pflichteifrig und mit großer Neugier folge ich meinem Führer, bis er plötzlich langsamer wird, einen Augenblick zögert und schließlich vor einem Schuhgeschäft stehen bleibt. Da dreht er sich zu mir um und sagt verzweifelt: «Ich habe mich verlaufen! Ich finde es nicht mehr! Ich weiß nicht, in welcher Straße es genau ist. Dabei war ich mir ganz sicher, dass es hier irgendwo in der Nähe ist.»

Wir fangen also an, die benachbarten Straßen zu erkunden. Prostituierte grüßen uns, als wir vorbeigehen, lächeln über das vermeintliche Zögern schüchterner Touristen. Es sei angemerkt, dass wir uns mitten im Rotlichtviertel von Genf befinden.

Doch auch eine Stunde später haben uns unsere Nachforschungen nirgends hingeführt. Das Genfer Maxim's ist noch immer nicht aufgetaucht. Nachdem wir alle Richtungen eingeschlagen haben, die großen Durchfahrtsstraßen ebenso wie die «malerischen», engen Gassen versucht haben, sind wir erschöpft. Daher entschließt sich Pierre zum Äußersten. Er bittet mich, vor einem Sexshop zu warten, und geht direkt auf eine Prostituierte zu, die vor ihrer Haustür in einem halb ausgesessenen Louis-XIV-Armsessel sitzt. Sie trägt ein erstaunlich elegantes Kleid in rosa Pantherlook und kaut auf einer endlos langen Zigarettenspitze. Pierre beginnt also ein Gespräch mit der in Rauchschwaden gehüllten Dame. Nach ein paar Minuten zieht er seine Brieftasche, kramt einige Geldscheine heraus und drückt sie der Liebesdienerin in die Hand. Ohne im Geringsten erstaunt zu wirken, steht diese elegant auf, rückt ihren falschen Chinchilla zurecht, vollführt eine Vierteldrehung um die eigene Achse und zeigt mit anmutiger Geste auf die nächstgelegene Straße. Sie setzt sich wieder, schlägt graziös ihre langen, tätowierten Beine übereinander und grüßt mit schelmischem Lächeln diesen ausgesprochen großzügigen Kunden mit dem so beschaulichen Begehren.

«Wir sind da. Folgen Sie mir!»

Kaum fünfzig Meter weiter taucht endlich die Art-déco-Fassade des legendären Maxim's vor uns auf. Unsere Überraschung ist vollkommen! Auch wenn das Vordach von den wiederholten Böen aus den Alpen in Mitleidenschaft gezogen war, steht hier die exakte Nachbildung des Restaurants der Pariser Rue Royale und entfaltet mit Eleganz und stolzer Süffisanz seine Front an der kleinen Place des Alpes. I d e n t i s c h! Absolut identisch! Die gleichen Holztäfelungen, das gleiche schillernde Glasdach, die gleichen vergoldeten Friese mit Art-déco-Leuchten, das alles in Ebenholz und Mahagoni. Eine perfekte Kopie, die offenkundig ihren Weg bis zu den Alpen gefunden hat, um sich wie ein riesiger bunter Schmetterling am Ufer des Genfer Sees niederzulassen, mitten im Rotlichtviertel der so sittsamen wie puritanischen Hauptstadt der helvetischen Uhrmacherei.

«Ich habe es vor fünfzehn Jahren einem Weinhändler abgekauft. Es war eine Art Café mit Gasflaschenvertrieb. Ich habe es ganz im Geist des Jugendstils neu hergerichtet. Es ist ein Lokal von unschätzbarem Wert, das mich über achthundert Millionen gekostet hat.»

«Euro?»

«Nein, Francs, natürlich. Na ja, glaube ich zumindest. Ich zeige Ihnen das Interieur, ein echtes Wunderwerk.»

Daraufhin zieht er etwa zehn Schlüssel am Bund aus der Tasche, die er nacheinander ausprobiert. Doch nichts zu machen, das Schloss der massiven Mahagonitür lässt sich nicht öffnen.

Im selben Augenblick fährt ein Polizeiauto mit quietschenden Reifen vor. Ein Uniformierter springt heraus und kommt vorsichtig auf uns zu, wobei er den Gürtel seiner Uniform hochzieht.

Unter Einhaltung des vorgeschriebenen Sicherheitsabstands bleibt er ein paar Meter vor uns stehen, bevor er uns befiehlt, uns nicht zu bewegen. Dann nähert er sich mit bedrohlicher Miene, da er einen Raubüberfall vermutet. Er bereitet sich auf eine gründliche Überprüfung der Personalien vor, dann erstarrt er. Sein argwöhnischer Blick wird kurz unstet, um schließlich vor ungläubigem Staunen über diese «Erscheinung» aufzuleuchten.

Pierre reicht ihm die Hand. «Nein, nein, Monsieur le Gendarme, Sie irren sich nicht. Ich bin es wirklich, ich bin Pierre Cardin! Und keine Sorge, ich breche nicht bei mir selbst ein. Das hier ist mein Eigentum. Aber, sehen Sie, es ist zu ärgerlich, ich finde nämlich offenbar meinen Schlüssel nicht mehr.»

Und tatsächlich besinnt sich der Polizeibeamte eines anderen und nimmt Haltung an. «Monsieur Cardin, was für eine Freude, Sie hier zu sehen! Wir haben Sie schon so lange erwartet. Wann gedenken Sie, diesen prachtvollen Ort endlich wieder zu eröffnen? Seit das Maxim's vor zehn Jahren geschlossen wurde, wartet die ganze Stadt auf diesen Tag.»

Liebenswürdig und sanft erklärt Pierre ihm, dass wir eben in dieser Absicht hierhergekommen sind. «Darf ich Ihnen den neuen Direktor vorstellen», fügt er hinzu, indem er mit dem Schlüsselbund auf mich zeigt. Und er versichert dem Polizisten, den diese Begegnung buchstäblich versteinert, dass die Wiedereröffnung bereits im nächsten Monat stattfinden werde.

Der Polizeibeamte, der die Tüchtigkeit der helvetischen Ordnungskräfte und noch mehr sein eigenes Pflichtbewusstsein unter Beweis stellen will, versucht, das Restaurant mit einem Hauptschlüssel zu öffnen, ein leider erfolgloses Unterfangen, wofür er sich untertänigst entschuldigt. Schließlich steigt er wieder in seinen Wagen, nicht ohne uns zuvor zur Wiedereröffnung des Restaurants zu beglückwünschen, was ihn auf seinem Weg zum Auto mehrfach zwingt, stehen zu bleiben und sich zu uns umzudrehen. Nach diesem Zwischenspiel ist unser Problem noch immer ungelöst: Der Zugang zum Palast bleibt dem Sultan und seinem Fast-Wesir unumstößlich verwehrt.

«Ich rufe jetzt meinen Notar an. Maître Toubichaille kümmert sich um das Maxim's, er muss die Schlüssel haben. Rufen Sie mein Büro in Paris an», Pierre hat kein Mobiltelefon, «und geben Sie mir dann den Apparat.»

Er nimmt mir das Telefon aus der Hand und bittet seine Sekretärin, Maître Toubichaille dringend mit den Schlüsseln zum Genfer Maxim's zu schicken. Ich spüre an seinem Tonfall, dass der Befehl keinen Kommentar duldet, sondern eine sofortige und effektive Umsetzung erfordert.

Die Zeit vergeht, und ich frage mich allmählich, ob wir unseren Zug zurück nach Paris nicht verpassen werden und welchen Nutzen diese Reise wirklich hat. Nun geht Pierre daran, den Schleier zu lüften, was er mit der Wiedereröffnung des Genfer Maxim's eigentlich plant, wobei er meine künftigen Verantwortlichkeiten im Einzelnen ausführt.

«Sie werden hier mit Ihrer Truppe Ihre Stücke aufführen. Und Sie werden unglaubliche Erfolge feiern! In Genf ist nichts los. Eine so internationale Stadt, und man langweilt sich zu Tode. Sie werden all die jungen Leute wachrütteln, die nicht wissen, wohin sie zum Feiern gehen sollen. Wir werden dieses Lokal zum angesagtesten Ort der Stadt machen. Die Jugend wird sich hier vergnügen – am Maxim's wird in den Genfer Nächten kein Weg vorbeiführen. Und auch die großen internationalen Unternehmen werden kommen.»

Was für eine Idee! Nach einer raschen Berechnung der Kosten erscheint mir dieses Projekt doch etwas utopisch: eine siebenköpfige Truppe, eine Aufführung pro Woche, An- und Abreise, Unterkunft, Verpflegung, Gagen, sonstige Kosten, nein: unmöglich.

Unmöglich? Ein Wort, das Pierre liebt, das ihn zu Höchstleistungen anspornt! Na dann, warum nicht? Auch ich weiß, dass man ihm bei seinen Projekten nie widersprechen sollte, das hasst er wirklich. Dennoch wage ich eine schüchterne Frage: «Aber, wo soll ich meine Schauspieler denn unterbringen?» Die Antwort ist ebenso prompt wie vage: «Machen Sie sich da mal keine Sorgen, Sie werden in Genf eine sehr große Wohnung finden, die Sie mit Ihren Schauspielern teilen werden, und ...»

Diese Idee wird nicht weiter ausgeführt, da wir durch die Ankunft von Maître Toubichaille unterbrochen werden, der mit wehendem Schal, einem taillierten Regenmantel aus dem Hause Cardin und dem lang ersehnten Schlüssel in der Hand aus seinem Auto springt.

«Ah, da sind Sie ja, Maître Toubichaille, na endlich! Haben Sie den richtigen Schlüssel dabei?»

«Bonjour, Monsieur Cardin. Ich wusste ja nicht, dass Sie heute kommen würden, ich habe also gar nichts vorbereitet. Das Lokal steht seit zehn Jahren leer und …»

«Das ist nicht weiter schlimm, Maître, damit kommen wir schon klar.» Und während sich Maître Toubichaille noch am Schloss zu schaffen macht, erklärt Pierre an mich gerichtet: «Sie werden sehen, der Ort ist prachtvoll!»

Zu guter Letzt öffnet sich die Tür zum Palast. Ich habe das Gefühl, ein Grabräuber zu sein, der in die letzte Ruhestätte von Pharao Echnaton eindringt. Im Eingangsbereich steht ein verstaubter Schaukasten mit verblassten Fotos der letzten Künstler, die hier einst auf der Bühne standen: der berühmte Pianist Romuald de la Jonquière sowie die international gefeierte Sängerin Veronica de Vérone.

Wir steigen eine königliche Treppe hinab und begeben uns langsam in eine gespenstische Dunkelheit. Auf der untersten Stufe angekommen, finden wir uns in absoluter Finsternis wieder. Tief unten in Echnatons Grab. Unser notarieller Führer fordert uns auf, uns nicht mehr zu bewegen, während er nach einer Lichtquelle tastet. Sekundenlang herrscht tiefe Stille. Dann eine Vase, die zu Bruch geht. Ein Stuhl, der umgeworfen wird. Ein Aufschrei. Ähnlich wie der des Hohepriesters von Amun aus der 18. Dynastie: «Ich habs!» Und das Wunder geschieht. Ringsumher explodiert ein wahres Feuerwerk aus Lichtern. Ein Projektor nach dem anderen blendet auf und offenbart den außergewöhnlichen Dekor: Tische aus Mahagoni, funkelnde Skulpturen auf goldenem Blattwerk, Marmorsäulen, schimmernde Bronzestatuen. Vierzig, fünfzig, sechzig Tische vielleicht, allesamt festlich gedeckt, als würden die Gäste noch heute Abend zum Essen kommen: Gläser aus Bergkristall, silbernes Besteck, fein ziselierte Karaffen, erlesene Leinendecken auf den Tischen. Letztere verteilen sich bogenförmig auf den kleinen Balkonen oberhalb der majestätischen Bühne, über der ein riesiger Baldachin aus malvenfarbener Seide schwebt. Auf dem Ebenholzboden der Bühne steht ein glänzender Pleyel-Flügel, der auf Keith Jarrett oder die göttliche Martha Argerich zu warten scheint. Und hinten im Saal, hoch oben auf einem großen, mit rotem Leder überzogenen Hocker sitzt Pierre und dirigiert das Feuerwerk: Lichterspiel auf der Bühne, niedersinkende Kristalllüster, bunte Rauchschwaden. Der grüne Samtvorhang wird sich, das ist gewiss, für eine Schar halbnackter Girls und Boys öffnen.

«Fahren Sie die Bühne hoch!», ruft Pierre, der an den Schalthebeln sitzt. Sogleich hebt sich langsam die Bühne. Der Schnürboden enthüllt einen Sternenhimmel, während vom Hof bis zum Garten rund hundert Kandelaber in regenbogenfarbenen Funken erglühen.

«Sehen wir uns jetzt die Kulissen an», beschließt Pierre. Wir gehen durch eine Abfolge von Gängen, durchqueren die nagelneue und blitzblanke Küche, die zum sofortigen Einsatz bereitsteht, und gelangen in Kulissen, von denen jedes Theater träumen würde: geräumige Logen, bequeme Sofas, Schminktische, eine voll ausgestattete Schneiderei, ein Depot mit Bühnenbildern und alles an technischer Ausrüstung, was es sogar für die anspruchsvollsten Inszenierungen braucht.

Nach einer guten Stunde, in der wir diesen Palast der Wunder erkunden, setzen wir uns an die Bar, während sich die Bühne langsam wieder senkt. Das Büfett, selbstverständlich aus Mahagoni, ist mit erlesenen Spirituosen bestückt, die nur auf die Gäste warten.

«Nun? Wie finden Sie es? Gefällt es Ihnen? Wann können Sie anfangen?»

Anfangen, anfangen… Die Antwort muss wie aus der Pistole geschossen kommen. Wenn Pierre einmal einen Entschluss gefasst hat, egal für welches Projekt, ist seine einzige Sorge, seine einzige Motivation: Wann findet die Premiere statt? Er liebt diesen Moment. Daher muss ein Projekt schnell, sehr schnell vonstattengehen. Diese Schnelligkeit bei seinen Entscheidungen war stets Teil seiner Kreativität. Er weiß, wenn er sich zu lange bei einer Idee aufhält, wird er keine Zeit haben, sich um die nächste zu kümmern, die ohne jeden Zweifel schnell, sehr schnell auftauchen wird.

«Ich denke, in vierzehn Tagen sollten Sie Ihr nächstes Stück aufführen können, oder?»

Kein Widerspruch, kein Nachfragen, vor allem keine Zweifel. Los gehts, auf gehts, den Rest sieht man dann später.

«Und Ihren Vertrag besprechen Sie mit José. Sie sollen sich wohlfühlen. Wir müssen Sie von den alltäglichen Sorgen befreien, Ihnen das Nötige geben, damit Sie Ihr kleines Appartement und Ihren Wagen bezahlen können und genügend Zeit haben, um Ihre Stücke zu schreiben.» Dann dreht er sich zu dem Notar um und fügt hinzu: «Gut, Maître, das wärs. Können Sie uns am Bahnhof absetzen? Wir haben gerade noch die Zeit, unseren Zug zu erwischen. Lassen Sie meinem Fahrer eine Nachricht zukommen, dass er mich an der Gare de Lyon abholt. Ich muss zu einem wichtigen Abendessen ... im Maxim's.»

Déshabillez-moi

Seit drei Wochen klappere ich nun schon die Stadt mit dem Auftrag ab, das Genfer Maxim's zum erstaunlichsten, überraschendsten und extravagantesten Ort für Feste, Begegnungen und Aufführungen zu machen.

Obwohl mein Auftrag grob umrissen ist, bleibt er doch ziemlich vage. Ich habe trotzdem die Absicht, diese unerwartete Herausforderung anzunehmen. Pierre hat mich gewarnt: Alle großen, internationalen Unternehmen würden herbeiströmen, um hier Abendgesellschaften, Kolloquien und Events zu veranstalten. Dieses Projekt soll nichts weniger als die «verschlafenen» Nächte der Genfer erstrahlen lassen und «die schöne Helvetierin aus ihrem Dornröschenschlaf erwecken».

Jetzt muss ich liefern. Es bleibt mir nichts anderes übrig, als die potenziellen Reichtümer dieser keimfreien Stadt aufzustöbern. Zunächst treffe ich mich mit den Pressesprechern der großen Firmen, die für den Erfolg meiner Mission unumgänglich sind und in der Regel eher an der Verlockung des Geldes als an echter Medienwirksamkeit interessiert sind. Durch ihre Vermittlung besuche ich die privatesten Klubs am Ufer des Sees, wo ich mit Kommunikationsbeauftragten, helvetischen Personalverantwortlichen, Fondsmanagern und Generaldirektoren großer Unternehmen zu Mittag esse; ich schleiche mich auch in die Gänge des Schweizer Fernsehens, schlage Sendungen vor, die im Maxim's realisiert werden könnten; ich nehme Kontakt mit den Grandhotels am Seeufer auf, lasse mich einführen in die internationalen Communitys von den Aschkenasim, Kuwaitern, Libanesen und Russen, in die Golf-, Bridge-, Zigarren-, Billard- und Jodelklubs, in religiöse Vereinigungen, Sportverbände und die allesamt kulturellen, sektiererischen, humanitären, lukrativen und anderen Vereine. Und um Zutritt zu diesen goldenen Gemeinschaften zu erhalten, verfüge ich über einen ungewöhnlichen, aber ach so nützlichen Kontakt: Josiane, Madame Josiane!

Madame Josiane ist Geschäftsführerin einer Boutique für Damenunterwäsche im Herzen der Stadt mit dem vielsagenden Namen «*Les Dessous du Ciel*» (man gerät ins Träumen!). Dieses winzige Geschäft mit seiner diskreten Schaufensterfront liegt in einer kleinen, abschüssigen Straße, eingezwängt zwischen einer Devotionalienhandlung und der Niederlassung der Heilsarmee. Auf zwei Etagen türmen sich auf engstem Raume Korsette, verführerische duftige Dessous, Unterkleider aus durchsichtiger Seide, hauchzarte Büstenhalter, Seidenschlüpfer, Georgia-Strings und bunte Négligés. Madame Josiane duzt alle, und die Anproben erinnern eher an einen Film der Marx Brothers als an die «*Prinzessin von Clèves*». Alles, was in Genf Rang und Namen hat, trifft sich hier in der Hoffnung, der Trägheit der ausschweifenden Nächte etwas Würze zu verleihen. Im «*Dessous du Ciel*» begegnet man daher mitunter Prinzen und Prinzessinnen, Milliardären und illustren Sprösslingen aus vermögenden Familien, berühmten Musikern, Regierungsmitgliedern, Zuhältern und Geschäftsleuten, eleganten Bürgerinnen und Gattinnen hoher Militärs. Eine Welt für sich, diese Genfer Hautevolee! Dieser exotische Laden, dieser Basar der Fantasien, dieser Wunderhof der Weiblichkeit, dieses Vorzimmer der sterilen Sinnenlust wird, nur wenige Schritte von Louis Vuitton oder Cartier entfernt, von Madame Josiane meisterhaft geführt; die Räume mietet sie für ein Spottgeld von der Genfer Heilsarmee und hat die offizielle Aufgabe, den Körpern der Stadt zu schmeicheln.

Da ich schnell begriffen habe, welche Bedeutung der Ort für meine Geschäfte (und meine persönlichen Fantasien!) hat, richte ich hier mein provisorisches Büro ein und helfe der Inhaberin als Gegenleistung beim Empfang der Kundinnen und bei den Anproben. Dass das Geschäft so ungeheuer gut läuft, liegt an Madame Josiane, mit ihrem Akzent, der mehr an Paris als an die Romandie erinnert, ergeht sie sich in Ratschlägen, Komplimenten, verrückten Ideen, neckischen Späßen und erklärt zwischen zwei dienstfertigen Vorschlägen und ein paar unsanften Entkleidungshilfen mit Bestimmtheit: «Hier ziert man sich nicht.»

Und inmitten von Gelächter, derben Scherzen und Freudenausbrüchen ob der überraschenden Ansichten begreifen ihre Kundinnen, was sie ihnen – eigentlich im übertragenen Sinne – vorschlägt.

Bei jedem meiner Besuche gibt sie mir diskret Stammbaum und Vermögen der anwesenden Kundinnen preis. Mithin brauche ich nur ein paar Nachmittage, meine Selbstlosigkeit und Hilfsbereitschaft unter Beweis zu stellen, damit sich mein Adressbuch füllt. Ich erstatte Pierre Cardin telefonisch Bericht und bausche meine Erfolge ein wenig auf. Er amüsiert sich über meine Annäherung an die Schönen und Reichen von Genf und kündigt mir an, dass das Maxim's in genau zwei Wochen offiziell eröffnet werden soll.

«Wir laden die Genfer Prominenz ein. Es wird ein Bombenerfolg. Ich komme persönlich zu diesem Anlass. Die gesamte Presse wird zur Stelle sein!»

Neben dem Kontakteknüpfen, dem ich mich beherzt und entschlossen widme, muss ich noch ein Problem lösen, das unsere Ankunft an die Ufer des Genfer Sees entscheidend beeinflusst: Wie soll ich (mindestens zweimal die Woche) eine kleine siebenköpfige Schauspielertruppe unterbringen, ohne auf den Ratschlag von Madame Josiane zurückzugreifen und bei der Heilsarmee anzufragen? Ich muss mich also auf die Suche nach einer ziemlich großen Unterkunft machen, die gut gelegen, komfortabel und nicht zu teuer ist, was sich in Genf und seinem Umland, ja sogar in den nahe gelegenen Bergen rasch als ein Ding der Unmöglichkeit herausstellt. Ich studiere also eifrig die Unterlagen, die mir der Verkehrsverein freundlicherweise zur Verfügung gestellt hat, und liste Hotels, Gästehäuser, B & Bs sowie Familienpensionen auf, von denen ich etwa dreißig auswählen und mich dann vor Ort begeben will, um die Attraktivität der Räumlichkeiten, den Komfort der Betten und das Preis-Leistungs-Verhältnis zu beurteilen, vor allem aber, um den Betreibern eine ganz besondere Bitte vorzutragen: Sie sollen ein Jahr lang ein halbes Dutzend Zimmer für zwei Nächte pro Woche reservieren.

Das Hôtel de la Cigogne, das Beau Rivage, das Hôtel du Mont-Blanc, das Chez Maman, das Hôtel des Horlogers, das Flots bleus, das La Marmotte, das Edelweiss... keines entgeht meinen Nachforschungen, alle erhalten sie meinen Besuch. Eine Reise in die Welt der Vaudeville-Kulissen, Alkoven à la Feydeau und Operettenzimmer. Ich muss mich den Tatsachen beugen: Die Schweizer Hoteliers sind unnachgiebige Geschäftsleute und in keiner Weise bereit, über irgendetwas zu verhandeln, auch wenn sie versichern, welch außerordentliche Ehre es ihnen wäre, in ihrem Hause, wenn nicht Pierre Cardin selbst, so doch eine seiner besten internationalen Truppen zu beherbergen! Verzweifelt sehe ich mich schon gezwungen, die Waffen zu strecken, als meine «Dame du Hot Savoir»[5], meine geheime Beraterin Josiane, mir von einem alten Schiff erzählt, das in ein Hotel umgewandelt in einem der ehemaligen Häfen des Sees vor Anker liegt. Es gehört einer ihrer Bekannten, einer ehemaligen Kundin, und vielleicht würde es den Zweck ja erfüllen.

Ich springe in ein Taxi. Der Fahrer, erstaunt über meine Bitte, fährt mich trotz eines gewissen Argwohns zu einer Art Schiffs-friedhof. Verrostete, ineinander verkeilte Schiffsrümpfe türmen sich auf, halb versunkene Barkassen, gestrandete Lastkähne, ausgeschlachtete alte Außenbordmotoren. Und dort, ganz hinten in einer offenbar aufgebrochenen Schleuse, thront in einem schleimig trüben Wasser, das nichts mit der jungfräulichen Reinheit des Sees gemein hat, geisterhaft, die halb eingestürzte Silhouette eines Dampfschiffes.

Dieser alte, einst von riesigen Schaufelrädern angetriebene Dampfer hat wohl lange vor dem Krieg auf Rundfahrten mit der Schweizer Bourgeoisie den See durchkreuzt und dabei das süße Leben, den Komfort und den Luxus der Seeschifffahrt geboten. Was für ein Anblick! Ein Geisterschiff, von den Jahren des Elends versehrt, ausgemustert, in dieser abgelegenen Ecke des Sees vergessen und seinem Schicksal überlassen, ein Schiffbrüchiger aus

5 Anspielung auf «La Dame de Haute-Savoie», ein Chanson von Francis Cabrel aus dem Jahr 1980. (Anm. d. Ü.)

einem anderen Jahrhundert, dazu bestimmt, eines Tages auf dem Grund des Sees oder zwischen den Stahlzähnen eines mechanischen Schredders zu enden. Was für eine traurige Aussicht ist doch der Todeskampf eines Giganten, der in seinem Untergang den Ruhm und die Geschichte eines Volkes und seines Sees, seiner Schiffe und seiner Legenden mit sich nehmen wird.

Während ich mich einer sanften Träumerei hingebe, taucht auf dem ramponierten Deck des Schiffes mit großem Lärmen eine Gestalt auf, die aus einem Roman von Dickens hätte stammen können. Eingehüllt in einen fadenscheinigen Seidenschal, die rote Mähne vom Wind zerzaust, das Gesicht runzlig wie eine Weinrebe, stützt sie sich auf die verrosteten Überbleibsel einer Reling und hält in ihren mit einem Rest Spitze bedeckten Armen etwas, das einmal eine Katze gewesen sein muss. Mit starkem Genfer Akzent und einer seltsamen Stimme zwischen Sarah Bernhardt und Sacha Guitry ruft sie: «Welcome to my hotel.» Dann fordert sie mich mit der weit ausholenden Geste, wie Hamlet im Angesicht des Geistes, auf, vorsichtig – «Es eilt nicht!» – zum Fallreep zu gehen, das unheimlich knarrend von der Bordwand des sterbenden Schiffes baumelt.

Nachdem ich ein paar über dem Abgrund schwankende Sprossen emporgeklettert bin, folge ich der Gestalt zum Heck des Schiffes, wo sie im Dunkel einer Treppe verschwindet, die direkt auf den Grund des Sees zu führen scheint. Im Innern des Geisterschiffs finde ich sie wieder, wo sie sich in einem Ledersessel zusammengerollt hat, der ohne Zweifel erst von einer übernatürlichen Kreatur zerfetzt und dann mit Fell dekoriert wurde, das offenbar von einem Vorkriegswolf stammt. Mit ihren eisigen Augen sieht sie nun aus wie eine Gorgone.

«What do you want, junger Mann?»

Während ich unauffällig überprüfe, ob meine Gliedmaßen nicht zu Stein erstarrt sind, schildere ich ihr den Zweck meines Besuchs oder vielmehr meiner Erkundung, wobei ich mich ganz beiläufig auf die Empfehlung von Madame Josiane berufe, was sie jedoch völlig unbeeindruckt lässt. Ich erzähle ihr vom Maxim's, von der Truppe, von unseren Schauspielprojekten. Noch immer nichts. Als ich aber den Namen Pierre Cardin erwähne, springt sie auf und stößt einen langen, entsetzlichen Schrei aus, der, so viel ist gewiss, den endgültigen Untergang des Schiffes ankündigt. Kaum dass sie wieder Atem geschöpft hat, brüllt sie erneut los und beginnt, hin und her zu tigern: «Ich *liebe* Pierre Cardin! Er ist ein *unglaublicher* Mann! Ich kannte ihn schon, als er noch ein halbes Kind war, noch bevor ihn alle Welt kannte. Und er liebt mich auch. Ich bin ihm in Vichy begegnet. Er arbeitete damals unter General Dupuisot für das Französische Rote Kreuz. Eines Tages trat er in mein Modegeschäft auf der Suche nach Arbeit. Ich fragte ihn, was er denn könne, und er sagte mir: ‹Nichts! Rein gar nichts! Aber ich bin zu allem bereit!› Ich habe ihn sofort eingestellt, und er hat sich rasch unentbehrlich gemacht, ja bald schon führte kein Weg mehr an ihm vorbei. Er war so schön, so charmant ... Er war ein außergewöhnlicher Angestellter mit selten gutem Geschmack und erstaunlicher Geschicklichkeit. In kürzester Zeit wurde er bei den Damen und Herren von Vichy zum Maître der Eleganz. Sobald er da war, wimmelte es im Geschäft nur so von Kundinnen. Man riss sich um seine Ratschläge, um seine Kreationen. Denn schon damals entwarf er. Und dann, nach ein paar Monaten, verkündete er mir, dass er auf den Rat der größten Wahrsagerin von Vichy hin weggehen werde. Er wolle in Paris sein Glück versuchen.»

Ich unterstelle ihr: «Vielleicht haben Sie ihn ja dazu gebracht, diesen Beruf zu ergreifen?»

An ihrem Schweigen und ihrem starren Blick erkenne ich, dass mir von nun an nichts mehr verwehrt werden kann. Meine Bemerkung öffnet mir die Türen des Schiffes – beziehungsweise dessen, was davon noch übrig ist.

Sie nimmt mich am Arm und führt mich durch ihr schwimmendes Hotel, das, wie ich zugeben muss, trotz seines mehr als heruntergekommenen Aussehens nicht eines gewissen Charmes entbehrt. Während sie mir die Zimmer zeigt, erzählt sie mir die Geschichte des imposanten Schiffs, seine Zeit des Ruhms, seine Rekorde und seinen Untergang. Jedes der Zimmer wurde an einem überraschenden Ort eingerichtet: in den Kajüten des Personals, im Maschinenraum, in den mit Mahagoni verkleideten ehemaligen Kajüten der ersten Klasse, im Steuerstand, in den Salons mit den abgetretenen Teppichen, ja sogar in den Küchen, die als «Hochzeitssuite» hergerichtet wurden. Nach einer über dreiviertelstündigen, kommentierten Tour will ich nun das Schiff verlassen, in der Gewissheit, die ideale Unterkunft für meine kleine Truppe gefunden zu haben, und das zu einem mehr als angemessenen Preis. Ich bedanke mich bei meiner «Königin der Fluten» für den freundlichen Empfang.

Als sie mich an Land begleitet, versichert sie mir ein letztes Mal, dass wir uns auf diesem Schiff wie zu Hause fühlen würden. Selbstverständlich würden uns die Luxuskabinen zugewiesen und, wenn Pierre es wünscht, werde sie ihm das beste Zimmer an Bord reservieren. Ich erkläre ihr, dass er sicherlich im Ritz-Carlton absteigen werde, aber sie könne ihm ja vorschlagen, nach der Eröffnungsfeier, zu der sie natürlich eingeladen sei, ihr Schiff zu besichtigen.

Souvenirs, souvenirs

Die Einweihung findet genau zwei Wochen später an einem Donnerstag statt, und alles, was in Genf Rang und Namen hat, findet sich ein. Pierre Cardin, der am selben Tag mit dem Flugzeug eingetroffen ist, steht am Fuß der monumentalen Treppe des Maxim's. Mit seinem großherzigen Lächeln empfängt er die illustre Gästeschar: Minister in Begleitung ihrer Turban tragenden Damen, Botschafter aus fernen Ländern in ihren exotischen Gewändern, den Apostolischen Nuntius im violetten Ornat, Generäle der Schweizer Armee in Galauniform, internationale Spione, große Kammerherren und kleine Intriganten. Er ist ganz in seinem Element und schenkt jedem ein Wort, ein Kompliment oder erzählt eine Anekdote unter den Objektiven der Fotografen, die sich um ihn drängen, um die Einweihung zu verewigen. Ausnahmslos alle möchten an der Seite von Pierre Cardin abgelichtet werden.

Er selbst kann seine Überraschung nicht verbergen, als meine PR-Beraterin, Madame Josiane, erscheint. Unter ihrem duftigen Pelzumhang erahnt man ein im Rücken geschnürtes schwarzes Lederkorsett, das nur mit Mühe den üppigen Busen zurückhalten kann, der bei der kleinsten Bewegung herauszuhüpfen droht. Klick, klack! Das Foto ist im Kasten.

Im Nu wird auch die Bar belagert. Es herrscht ein allgemeines Gedränge, denn alle wollen so nah wie möglich ans Büfett und eine der Champagnerflaschen ergattern, um mit ihrer Trophäe an seinen Tisch zurückzukehren.

Inmitten des überlauten Stimmengewirrs, das so typisch ist für eine mondäne Abendgesellschaft, ertönt plötzlich ein Raubtierschrei, und auf der Ehrentreppe erscheint eine höllische Kreatur in einem hautengen purpurroten Seidenkleid mit Chinchilla-Besatz an den Schultern und in der roten Mähne winzige Brillanten. Die Gorgone des Geisterschiffes hält ihren Einzug.

Auf übertrieben hohen Absätzen schreitet sie direkt auf Pierre zu. Aber ihre Füße versagen ihr den Dienst, und in einem spektakulären Fall landet sie in seinen Armen.

«Pierre, erinnern Sie sich an mich?»

Taktvoll hilft Pierre Cardin ihr wieder auf. Mit einem unfehlbaren Gedächtnis begabt, weiß er ihr zu antworten: «Natürlich, liebe Victorine, Sie waren die Geschäftsführerin der Boutique *Aux Deux Élégantes* in Vichy. Sie haben mir damals meine erste Chance gegeben, als Sie mir anboten, in der Modewelt zu arbeiten. Wie geht es Ihnen?»

Das in diesem Moment geschossene historische Foto wird sich später zu jenen von Jacqueline Kennedy und Fidel Castro in Pierres Büro gesellen.

Er entschuldigt sich, verlässt seinen Platz am Fuß der großen Treppe und steigt auf die Bühne, um seine Gäste willkommen zu heißen und das Projekt, das Maxim's, vorzustellen. Dann eröffnet er unter anhaltendem Beifall den Abend. Vorführung der neuesten Kollektion, Ballett zu zeitgenössischer Musik, Sängerinnen des «*Chanson réaliste*», French Cancan, ein wirklich hübsches Programm, welches das Publikum jedoch nicht vom Hocker reißt, das für die Verlockungen des Büfetts wesentlich empfänglicher ist als für die vielseitigen Talente der Künstlerinnen und Künstler. So öffnet das Maxim's nach dem bewährten Ritual der Eröffnungsfeiern offiziell seine Türen für die Genfer Nächte, eingehüllt in Zigarrenrauch und Alkoholdämpfe.

Während ich durch das Restaurant schlendere, sehe ich auf einmal eine Gestalt, die die Bühne betritt. Ich staune nicht schlecht, als ich Madame Josiane erkenne! Geschickt schlängelt sie sich zwischen den Tänzerinnen und Tänzern hindurch, flüstert dem Pianisten etwas ins Ohr und ergreift zwischen zwei Nummern das Mikrofon, um mit Donnerstimme anzukündigen, sie werde, um die Eröffnung des Maxim's zu feiern, Paris besingen, wie man es in der Belle Époque besungen habe und es noch heute im Pariser Maxim's tue. Unter dem tosenden Beifall eines Publikums, dem sie zum großen Teil aus anderen Gründen bekannt ist, stimmt sie mit starkem Pariser Akzent ein ganzes Repertoire aus Montmartre-Chansons an, Fréhel und Mick Micheyl, Édith Piaf, Suzy Solidor, Catherine Sauvage und Patachou ... Ein musikalisches Feuerwerk, dessen abschließendes Glanzlicht, «À la Bastille», von allen im Chor mitgesungen wird.

Ein mondäner Empfang, elegant und ziemlich steif, der sich nun in einen volkstümlichen Abend mit derbem Kabarett verwandelt: Pierre ist begeistert. Er ist keineswegs der Letzte, der mitsingt und lässt sich nicht lange bitten, sich dem enthemmten Publikum anzuschließen. Nach ihrem improvisierten Auftritt gibt Madame Josiane viele Zugaben und nimmt Ovationen und Hochrufe entgegen, bevor sie die Bühne verlässt. Pierre eilt ihr in die Kulissen nach und beglückwünscht sie. Er schlägt ihr sogar vor, sie solle doch nach Paris kommen und dort jeden Abend auf der Bühne des Maxim's singen. Aber unsere Sängerin für einen Abend lehnt wie eine unerreichbare Diva dankend mit dem Argument ab, sie könne doch nicht all ihre Bewunderer zurücklassen, die sie so sehr brauchten und über denen sie hier in Genf wache.

Im Restaurant ist die Feier in vollem Gang. Als Pierre sich durch den Künstlerausgang heimlich davonmacht, ist es schon drei Uhr früh.

Zurück in Paris, bin ich am folgenden Tag zum Mittagessen ins Maxim's geladen. Pierre gratuliert mir zunächst zum Erfolg des Eröffnungsabends. Sehr bald kommt man auf die Zukunft des Genfer Maxim's zu sprechen. Es sieht gut aus, alles läuft, wie Pierre und ich es geplant haben, dann aber erwähne ich das Patent.

Maître Toubichaille hat mich zuvor über Folgendes in Kenntnis gesetzt: In der Schweiz, das heißt genauer gesagt in Genf, kann niemand eine öffentliche Einrichtung wie ein Restaurant, eine Bar, einen Nachtklub oder ein Hotel betreiben, ohne im Besitz eines sogenannten «Patents» zu sein. Dieses hier gebräuchliche Wort bezeichnet den hochoffiziellen kantonalen Gewerbeschein für Schankwirte (entspricht dem Gesetz über das Gaststätten-gewerbe, den Getränkeausschank, die Beherbergung und das Unterhaltungsgewerbe), der zweimal im Jahr von der Gewerbe-polizei und der Dienststelle für den Kampf gegen Schwarzarbeit ausgestellt wird. Zahlreiche Schulen bereiten gegen Entrichtung einer Gebühr von 2750 Schweizer Franken auf die Prüfungen vor, die man abzulegen hat, um die Bewilligung zur Führung eines Nachtlokals zu erlangen. Als Antwort auf meine Verblüf-fung über eine solch rigorose Verwaltungspraxis beruhigte mich unser großzügiger Notar. Auch wenn es gesetzlich verboten sei – Achtung vor der wachsamen Gewerbepolizei! –, sei es nicht schwer, sich dieses unentbehrliche «Sesam, öffne dich!» ander-weitig zu beschaffen, indem man es sich von einem rechtmäßi-gen Besitzer gegen eine beträchtliche Entschädigung «ausleiht». Und um seine Behauptung zu bekräftigen, übergab Maître Tou-bichaille mir eine Liste mit Besitzern eines solchen Gewerbe-scheins, die, wie er sagte, allesamt hocherfreut sein würden, uns diese «bescheidene Gefälligkeit» zu erweisen. In den folgenden Tagen saß ich also in meinem Lieblingsbüro, dem *«Dessous du Ciel»*, und empfing eine Schar von Interessenten mit einem kan-tonalen Patent, die ich jeweils am Vortag übers Internet kontak-tiert hatte. Es folgte ein surrealer Aufmarsch von Oberkellnern in Rente, Busfahrern, Tätowierern, Krankenschwestern, Stepp-tanzlehrern, Leibwächtern, Thanatopraktikern, Gesellschafte-rinnen und so weiter und so fort, alle im Besitz des besagten Patents und bereit, mir zu sehr unterschiedlichen Geldbeträgen diese «Gefälligkeit» zu erweisen. Meine Wahl fiel auf das an-nehmbare Angebot einer jungen Wirtin, die soeben ihr Lokal er-öffnet hatte und der dieser Zuverdienst sehr willkommen war.

Im Maxim's sind wir gerade beim Dessert, und alles ist in bester Ordnung, als ich Pierre nebenbei über die Einzelheiten des Patents aufkläre, eine Angelegenheit, die im Übrigen auf gutem Wege ist, geregelt zu werden. Aber – denn es gibt ein Aber – das Wort «Patent» erregt seine Aufmerksamkeit. Er isst sein Tira-misù fertig und murmelt nach langem Schweigen:

«Patent, Patent, Patent...»

Er bittet mich, ihm noch einmal und genauer den Sinn und Zweck des kantonalen Gewerbescheins zu umreißen. Ich erkläre ihm erneut die unumgänglichen Regeln des entsprechenden Gesetzes, die Kontrollen der Gewerbepolizei und die Beteuerungen des Notars bezüglich unserer unfehlbaren Kriegslist. Pierre legt seine Serviette auf die Tischecke, steht seelenruhig auf, unterschreibt die vorgelegte Rechnung und flüstert mir, als er sich anschickt zu gehen, wie im Vertrauen zu:

«Ich will dieses Patent nicht. Dieses Patent interessiert mich nicht. Ich bleibe gern Herr in meinem eigenen Haus.»

Und so bleibt das Maxim's in Genf zehn Jahre lang geschlossen.

Lili Marleen

Seit Wochen bedrängt mich Pierre regelrecht, ihm eine Idee für ein Kabarett vorzuschlagen, das die Abende im Maxim's wieder in Schwung bringen soll. Dabei geht er von der Andeutung über die Empfehlung zum eindringlichen Rat über und letztlich, ohne seine Forderung ausdrücklich zu formulieren, zu einer gewissen unterschwelligen Drohung, die bekanntlich ein vorrangiges Anliegen kennzeichnet. Es stimmt schon, ein – im Übrigen ja sehr teurer – Abend im Maxim's ist nicht gerade das, was man gemeinhin unter einer verrückten Pariser Soiree versteht. Das Menü ist zwar von guter Qualität, aber auch nicht außergewöhnlich, und an dem Personal, sehr professionell, aber ach so klassisch, wirkt alles bis hin zu den engen und abgetragenen Fräcken langweilig. Für Stimmung sorgt lediglich eine talentierte Pianistin, die die großen Standardnummern des französischen Chansons in etwas strenger, fast militärischer Weise herunterspielt, wenn sie sich nicht gleich damit begnügt, heimlich vorab aufgenommene Lieder ablaufen zu lassen! Schließlich überlässt sie zum lang ersehnten Dessert einem «internationalen» Schnulzensänger den Platz für eine «explosive» und exakt durchgetaktete Darbietung. Mit anderen Worten, der Schnulzensänger bemüht sich, zu serienmäßig produzierten Musikstücken die Aufmerksamkeit der Gäste zu erlangen, die nach einem üppigen Mahl mit einem erlesenen Pierre-Cardin-Champagner vor sich hin schlummern. Täglich frisch gebohnert, empfängt die Tanzfläche an den ausschweifendsten Abenden zwei, drei Paare, die vom Sänger dazu ermutigt werden, zu den zögerlichen Rhythmen eines schmalzigen Slows ihren fünfzigsten Hochzeitstag zu feiern. An festlichen Abenden flattern Luftschlangen und ein paar Handvoll biologisch abbaubares Konfetti durch die Luft, zum Abschluss folgt noch ein Chanson, dann die Rechnung, Guten Abend und Auf Wiedersehen!

Nach einigen Tagen des Nachdenkens und den drängenden

Bitten von Pierre Cardin bringe ich die Idee für eine Show zu Papier, die auf der winzigen Bühne des Restaurants (die über keinerlei technische Ausstattung verfügt) aufgeführt werden könnte. Der Titel: *«Les dames de chez Maxim's»*. Es soll darum gehen, die kurze Geschichte dieses mythischen Ortes herauf-zubeschwören, am Beispiel der Eskapaden aller Frauen, die durch ihre Schönheit, Frivolität oder Intelligenz, ihr Talent, ihre Skandale oder Intrigen dazu beitrugen, die Legende des Maxim's zu schreiben. Darin würde sich Romantisches, Anekdotenhaftes, Schlüpfriges und Dramatisches vermischen, Geschichten von Prinzessinnen und Kurtisanen, von Femmes fatales und Bord-steinschwalben, von Halbweltdamen und gewissenlosen Frauen, von der schönen Otero über Brigitte Bardot bis hin zu Yvonne Printemps, Greta Garbo, Marlene Dietrich, Mistinguett, Sarah Bernhardt, Maria Callas, Grace Kelly oder Jacqueline Kennedy. So viele berühmte Frauen, so viele Bilder, Lieder, Geheimnisse und falsche Vertraulichkeiten.

Mit einem dreiseitigen Exposé in der Tasche mache ich mich auf den Weg zu meiner Verabredung mit dem Meister, um für mein Projekt zu kämpfen. Mein Vorhaben scheint unter einem guten Stern zu stehen, doch an diesem Tag betrete ich ein Büro, das in hellem Aufruhr ist. Die Anwärter auf ein Gespräch drän-geln, herrschen einander an, die lange Warteschlange wird von Fiebrigkeit und Disziplinlosigkeit durchzuckt. Das Dutzend Mit-arbeiter, normalerweise so ruhig und so diskret, ist von einer Unruhe ergriffen, deren Grund ich nicht kenne, als ich mich an das Ende der Schlange stelle.

Plötzlich erscheint Pierre. Alle stürzen sich auf ihn, aber er erklärt in feierlichem Ton, er könne niemanden empfangen. Er habe einen sehr wichtigen Termin und sei schon sehr spät dran. Pierre geht an dem ratlosen Grüpplein vorbei, ohne es zu beach-ten. Auf meiner Höhe angelangt, wirft er mir einen fragenden Blick zu, auf den ich mit einem einzigen Wort reagiere: «Kaba-rett!» Dabei wedle ich mit meinem Exposé. Er packt mich am Arm und befiehlt mir: «Erklären Sie mir das im Wagen. Ich bin zu spät dran, kommen Sie mit!»

Wir werfen uns in seinen uralten Jaguar, um zu seiner geheimnisvollen Verabredung zu fahren, deren Adresse das brandneue GPS nicht findet, was den Fahrer offensichtlich zur Verzweiflung bringt. Ich sitze neben dem Meister und beginne, ihm mein Projekt, «*Les dames de chez Maxim's*», auseinanderzusetzen. Aber Pierre scheint dafür gerade wenig empfänglich zu sein, so sehr ist er damit beschäftigt, die Route zum Ort seiner noch immer geheimnisvollen Verabredung zu finden. Ich trage meinen Vorschlag besser vor, präzisiere meine Argumente, vermeide unnötige Wiederholungen, um ihm etwas Konkretes, Originelles mit einem insgesamt angemessenen Budget zu bieten. Dennoch bin ich mir bewusst, dass das Projekt alles andere als einfallsreich ist. Selbst wenn es durch einen glücklichen Zufall angenommen werden sollte, würden weder Inszenierung noch Durchführung sonderlich fesselnd werden. Wie kann man überzeugend argumentieren, um ein Stück mit Anstand zu verkaufen, wenn dieses noch vor seiner ersten Aufführung die schlimmsten Mängel aufweist? «*Les dames de chez Maxim's*»: ein unausgereiftes und verstaubtes Kabarett.

Ein Aufprall, gefolgt von lautem Scheppern, reißt mich aus meinen Luftschlössern: Wir sind soeben mit einem Motorroller zusammengestoßen, der sich zwischen den Autos hindurchgeschlängelt und dabei die vordere Stoßstange des Jaguars leicht gestreift hat. Der Zwischenfall bringt mich jäh zurück in meine traurige Wirklichkeit. Ein ruppiger Wortwechsel, ein, zwei Beleidigungen, mit denen man seinen Pariser Charakter unter Beweis stellen will, und schon fährt er weiter. Das ist gerade noch mal gut gegangen. Wir setzen die wilde Fahrt zu unserem noch immer unbekannten Ziel fort.

«Also wirklich», sagt Pierre, «was sind diese jungen Leute doch leichtsinnig. Gérard, ich verbiete Ihnen, Motorrad zu fahren. Das ist einfach zu gefährlich. Stellen Sie sich mal vor, wenn Ihnen etwas zustoßen würde? So jung sind Sie ja schließlich auch nicht mehr!»

Tiefes Schweigen.

«Also, Gérard, sagen Sie mir: Dieses Kabarettprojekt, worum geht es da genau?»

Das Wort «jung» kommt wie gerufen. Es bringt mich auf eine andere Idee, die ich sogleich aufgreife, um in eine ganz neue Richtung loszumarschieren.

«Ein Künstlertisch!»

«Ein Künstlertisch? Was soll das denn sein?»

«Nun ja, Pierre…» Je mehr Worte mir in den Sinn kommen, desto klarer nimmt meine Darstellung Form an. «Ein Künstlertisch, das ist … eine Ehrentafel, im Maxim's, am Fuß der Bühne. Drum herum Schauspielerinnen und Schauspieler, Sängerinnen und Sänger, Tänzerinnen und Tänzer, alles Künstler, jung und talentiert. Mögen Sie junge Leute, Pierre?»

«Natürlich. Ich liebe sie.»

«Sie betreten das Maxim's, um wie die echten Gäste zu Abend zu speisen. Ein vermeintlicher Oberkellner empfängt sie und führt sie mit respektvoller Miene an ihren Tisch. Sie sind ganz offensichtlich hochgestellte Persönlichkeiten, VIPs. Nachdem sie gewählt haben, kann das Abendessen beginnen.

Der vermeintliche Oberkellner bedient seine Gäste, allerdings nicht ohne eine gewisse Ungeschicklichkeit. Und dann plötzlich, mit einem Teller in der Hand, fängt er an zu tanzen und zu steppen und stimmt das Eröffnungslied an: ‹Maxim's en fête›. Und jetzt beginnt das eigentliche Schauspiel, halb im Lokal, halb auf der Bühne. Zwei wunderschöne Geschöpfe steigen auf den Tisch. Mit einem Glas Champagner in der Hand singen sie Offenbachs ‹L'air de la griserie› unter den Blicken der echten Gäste, die es gar nicht fassen können, so überzeugt sind sie davon, die Geister der schönen Otero und der Liane de Pougy zu sehen. Nun kommen auch die jungen Männer und schmettern ‹La vie parisienne›, und während des gesamten Abendessens läuft eine scheinbar komplett improvisierte Show ab.»

Pierre unterbricht mich. «Perfekt, Gérard, nächsten Freitag fangen Sie an.»

Ich habe kaum die Zeit anzumerken, dass wir zu siebt bei Tisch sein werden, da fährt der Wagen auch schon vor dem Restaurant

Pirosmani vor. Ein Dutzend Fotografen stürzt sich unter dem grell aufblitzenden Licht der Kameras auf Pierre. Während er von einer begeisterten Gruppe regelrecht ins Innere des Restaurants mitgerissen wird, dreht er sich noch zu mir um, als ich, im Vertrauen auf den Erfolg meines Vorhabens, umkehren will, und ruft mir zu: «Gérard, gehen Sie nicht weg, Sie kommen mit!»

Da ich mich dieser gebieterischen Einladung nicht entziehen kann, betrete ich nach Pierre das riesige Restaurant, wobei ich den Zweck des Besuchs und den Grund dieses feierlichen Empfangs immer noch nicht kenne. Keine Sekunde lang hätte ich mir vorstellen können, was mich im Innern des Restaurants erwartete.

Back in the U.S.S.R.

Es war vier Uhr nachmittags, als sich die Gruppe von Fotografen wie ein Schwarm Hornissen auf Pierre Cardin gestürzt hat, der nun von drei Männern in Prunkgewändern (Jackett mit Schnurbesatz, Umhang und zahlreiche bunte Orden) begleitet das Pirosmani betritt, dieses surrealistische Lokal, voller glitzernder Statuen, epischer Gemälde, riesiger Leuchter, Marmortische und tiefer Sofas. Von den Umstehenden bedrängt, steigt er eine gewaltige Treppe hinauf, an deren oberem Ende eine Truppe von Tänzern ein kriegerisches Ballett aufführt und mit dem Schwert in der Hand wirbelnd sich dreht und wendet. Wenn die blanken Waffen gegeneinander klirren, sprühen Funken auf im Rhythmus eines männlich rauen Gesangs, der wie Donner in der Tiefe eines Waldes widerhallt. Eine urwüchsige Gestalt, die angesichts der vielen Orden an ihrer Uniform als Generalissimus auszumachen ist, fällt Pierre Cardin in die Arme, der nur knapp einem Kuss auf den Mund ausweichen kann, während die Anwesenden frenetisch applaudieren. Das Restaurant Pirosmani präsentiert sich als eine Art Botschaft der Republik Georgien, und ich begreife, dass wir dort seit Stunden zum Mittagessen erwartet werden.

Pierre lässt sich mitreißen, und ich in seinem Gefolge, es geht durch ein Labyrinth aus Gängen bis zu einer riesigen Tür aus massiver Eiche, die sich in majestätischer Stille öffnet und den Blick auf eine Szene à la Andrei Rubljow freigibt: Um einen mächtigen Tisch sitzen rund fünfzig Personen, eine sonderbarer als die andere, die sich bei Pierres Eintreten wie *ein* Mann erheben, bevor sie in Habtachtstellung gehen und wie mit einer einzigen Stimme einen langen kehligen Schrei ausstoßen. Es folgt ein kriegerischer Gesang, direkt aus der Hölle, in dem dann und wann Namen erklingen, slawische und der von Pierre Cardin.

Auf dem Tisch wartet ein reichhaltiges Mittagessen schon auf das Wohlwollen des hohen Gastes. Man bittet Pierre, sich zu setzen. Ich nehme zu seiner Rechten Platz.

Daraufhin beginnt eine Reihe von Reden, die mich, ins Französische übersetzt, endlich über die Gründe dieses außergewöhnlichen Empfangs und die Bedeutung des Anlasses aufklären.

Unbewegt und schweigend hört Pierre zu und stimmt dabei durch ein aufmerksam höfliches Kopfnicken zu. Jede Rede wird natürlich von begeistertem Applaus und einem Trinkspruch auf den Gast samt folgendem Wodka begleitet.

Es ist jetzt fünf Uhr nachmittags. Wir sind umringt von dreiundvierzig Mitgliedern der Akademie, also der Akademie der Schönen Künste Georgiens, die eigens aus ihrer kaukasischen Heimat angereist sind, um Pierre Cardin die höchste Auszeichnung ihres Landes für sein Gesamtwerk zu verleihen (und gleichzeitig die baldige Eröffnung seiner Fabrik in Tiflis zu feiern): eine sorgfältig gerahmte, pergamentartige Urkunde, eine Art heilige Ikone, die mit äußerster Vorsicht zwischen zwei langen, flammenden Reden von Hand zu Hand gereicht wird. Pierre versucht, sie zu erwischen, aber die Urkunde geht weiter herum. Erst nach mehreren Runden um den Tisch landet das papierne Meisterwerk in den Händen des eigentlichen Empfängers, der es in Besitz nimmt, sich erhebt, einen kurzen Dank ausspricht und die andächtige Stille, mit der seine Worte aufgenommen werden, für die Ankündigung nutzt, ich würde nun ein französisches Chanson singen.

Überrascht und unter der Wirkung der vielen Trinksprüche und Wodkas zögere ich aufzustehen. Doch der beharrliche Applaus der Zuhörerschaft zwingt mich, der Aufforderung nachzukommen. Also singe ich eines der besten Chansons von Jacques Brel, allerdings eines der unbekannteren: «Le gaz». Ich weiß nicht, warum ich gerade dieses Chanson gewählt habe, und bin überzeugt, dass niemand auch nur ein Wort versteht – «*Tu habites rue de la Madone / Et moi je viens pour le gaz.*»[6] Die Reaktion kommt sofort (und ist wundervoll). Nach einem herzlichen Beifall stehen die Akademie-Mitglieder auf, um einer nach dem

---

6 «Du wohnst in der Rue de la Madone / Und ich lese dort den Gaszähler ab.» (Anm. d. Ü.)

anderen ein Glas Wodka zu trinken und ein georgisches Lied anzustimmen, das gleich darauf von der ganzen Tischgesellschaft aufgenommen wird. Verliert das Treffen auch an Feierlichkeit, so gewinnt es an Musikalität.

Es ist sieben Uhr abends, und das Konzert hat soeben erst begonnen. Vom Alkohol benebelt und vor lauter Begeisterung für die Lieder der Heimat und der großen slawischen Brüderlichkeit, sieht niemand, wie Pierre sich davonschleicht. Diskret verlässt er den vergänglichen Tempel des georgischen Liedguts und kehrt zurück zu seinem alten Jaguar, in der Hand seine wertvolle Trophäe. Die wiederum finde ich ein paar Tage später in seinem Büro wieder, inmitten anderer Ehrungen, die er auf seinen zahlreichen Reisen auf der ganzen Welt zusammengetragen hat.

Heutzutage fließt das Gas übrigens von Tiflis durch die Ferngasleitung von Baku.

J'suis snob

Maxim's! Ein Wort, das kein Ende nehmen will: Maxim'sssssss. Die Stammgäste messen dem «s» große Bedeutung bei. Man spricht vom Maxim, doch zum Speisen geht es ins Maxim'sssssss. Natürlich ist es das weltweit berühmteste Restaurant, es ist in die Geschichte eingegangen; oder vielmehr ist es ein Restaurant, in dem die Geschichte sich eingenistet hat, es zum Theater einer Legende machte, die schließlich zum Märchen wurde: *«Les mille et une nuits de chez Maxim's»*. Das Maxim's empfing die berühmtesten Persönlichkeiten der Weltgeschichte, die sich mit einem Besuch zum Abendessen einen weiteren Stern am Himmel ihres vergänglichen Ruhmes sicherten. Seit seiner Gründung hat sich der Name des Restaurants ins Gedächtnis der Menschen auf der ganzen Welt eingegraben. Zu sagen, das Maxim's sei ein Mythos, wäre eine Untertreibung. Ein Mythos, den man träumte, erhoffte, hasste, manchmal besuchte, der mitunter sogar in Vergessenheit geriet, aber unweigerlich jedes Mal wieder auftaucht, sobald sein Name fällt: Maxim's!

Wenn man die berühmte Speisekarte, die Tag und Nacht stolz am Eingang des Restaurants prangt, mit den Augen genießt, vergisst man leicht, dass es heute drei Maxim's gibt:

1. Das legendäre Maxim's, wo die Preise die Opulenz des Menüs widerspiegeln; das Maxim's, das den Berühmtheiten vorbehalten ist, also Prinzessinnen und Prinzen, Stars aus aller Welt, Geschäftsleuten mit Spesenvergütung, Halbweltdamen und allen «Großen dieser Welt», die so klein sind, dass man sie längst vergessen hat.

2. Das Maxim's der Hochzeitstage, der Betriebsräte, der Aufmärsche verirrter Aristokraten einer längst vergangenen Epoche, die träge auf der Melancholie ihrer Überlegenheit dümpeln, das Maxim's mit seinem abgearbeiteten Personal in fadenscheinigen Fräcken, das dazu verdammt ist, unbekannte Bürgerliche ohne Krawatte zu bedienen, das Maxim's mit seinem Chefkoch, der

seine Sterne seit Langem schon an der Garderobe abgegeben hat, seinem rheumageplagten Pianisten, seinem asthmatischen Sänger, seiner tatterigen Garderobenfrau; kurzum der Ort, wo man sicher sein kann, niemals auf die Pariser Crème de la Crème zu treffen.

3. Und dann gibt es das Maxim's von Pierre Cardin. Denn wenn der Besitzer des Maxim's beschließt, einige hochkarätige Persönlichkeiten zu einem Galaabend zu laden, ist nichts mehr, wie es war. Dann findet das Maxim's zu seiner fürstlichen Vornehmheit zurück und erstrahlt erneut in vollem Glanze. Das Personal nimmt in funkelnden Uniformen um vierzehn Uhr Aufstellung unter der strengen Leitung des Oberkellners, Klon des berühmten «Urvaters», Eugène Cornuché. Ein Geschwader bedeutender Köpfe aus der «Maison» kommt, um Weisungen zu erteilen, Ideen zu geben, Anforderungen zu stellen und um zu überprüfen, dass bei der Arbeit des niederen Personals nichts dem Zufall überlassen wird. Ob Pressereferent, Finanzdirektoren, persönlicher Sekretär oder Günstling des Augenblicks, sie alle gelten als geheime Experten des Chefs – oder halten sich dafür – und haben ein Wörtchen mitzureden, und das tun sie auch. Die Tische werden nach dem von Monsieur Cardin hochgeschätzten Ritual aufgestellt, haufenweise Blumen für den Abend bestellt, die Anordnung des Lokals verändert, Beleuchtung, Bühnenvorhänge und Lautsprecheranlage ausgewechselt. Es beginnt ein wilder Tanz, in den sich Schreie, Beleidigungen, Vorschläge, Kommentare und Nervenzusammenbrüche mischen, bis Pierre eintrifft und meist alle Vorbereitungen wieder rückgängig machen lässt: «Zu viele Blumen. Nehmen Sie das weg, das ist vulgär. Wer hat den Auftrag gegeben, die Vorhänge zu wechseln? Ich will meinen Tisch nicht unter diesen Leuchten haben, das ist lächerlich. Ich hatte darum gebeten, dass diese Stühle ausgetauscht werden.» Dann vertieft er sich in die Sitzordnung: «Ich will meinen Minister nicht neben mir haben, er ist so was von trübsinnig! Setzen Sie lieber den italienischen Botschafter her, das wird viel lustiger. Und die alte Schauspielerin rechts von mir, sie ist noch immer sehr schön, und Maryse links von mir. Petit

Pierre und die Prinzessin auf die andere Seite. Das ist doch ganz einfach!»

Und der Trupp rackert sich ab, Tische, Stühle, Besteck und die Platzierung der Gäste neu zu ordnen, zu ändern und zu korrigieren, wobei jeder beteuert, dass es genau das sei, was er verlangt habe.

Schließlich ist alles bereit, die hohen Gäste treffen einer nach dem anderen ein und werden von Pierre begrüßt, der wie üblich jedem ein Willkommenswort, eine Anekdote, eine Erinnerung, eine Vertraulichkeit mitgibt ... Sobald jeder an seinem zugewiesenen Platz – in unterschiedlicher Distanz zum Meister von ganz nah bis ganz fern – sitzt, beginnen die tausend gewohnten Gespräche über die unumgänglichen Themen: Pierres Arbeit, Pierres neueste Kollektion, Pierres Aufführungen im Espace Cardin, Pierres letztes Presseecho ... Und alle versuchen, die Aufmerksamkeit mit möglichst originellen Überlegungen, mit möglichst umwerfendem Humor auf sich zu lenken.

Das unaufhörliche Hin und Her der Kellner erinnert an eine Choreografie von William Forsythe, während die Gerichte wie nach dem Metronom getaktet aufeinanderfolgen. Nach und nach erlahmen die Gespräche, die Themen erschöpfen sich, und die Zeit löst sich zuletzt im Champagner auf, der in kristallenen Sektschalen serviert wird.

Während das Personal des Lokals sich bemüht, alle Gäste mit derselben Eleganz und bewährten Dienstfertigkeit zu bedienen, ruft Pierre mit einem unauffälligen, kleinen Wink den Oberkellner zu sich, der, noch auf den leisesten Wunsch achtend, herbeieilt und eine Nachricht ins Ohr geflüstert bekommt, die er sofort an seinen Ersten Kellner weiterleitet, welcher der Anordnung auf der Stelle Folge leistet und hinter den roten Vorhängen der kleinen Bühne verschwindet. Dahinter befinden sich die winzigen Kulissen dessen, was man hochtrabend «das Theater des Maxim's» nennt und wo jeden Montag, wenn das Restaurant geschlossen ist, ein Kabarett, Theaterstück oder Musical aufgeführt wird. Heute Abend ist es auf Wunsch von Pierre ein Auszug aus dem Dreiakter «Un Italien à Paris», der als Vorwand für eine

Mischung aus französischen und italienischen Chansons dient. «Ihr werdet ‹*O sole mio*› und ein Chanson von Mina singen, die ich bewundere», so Pierres unvermeidliche Botschaft an uns.

Im ersten Bild von «*Un Italien à Paris*» stellt die kleine «neapolitanische» Truppe die verschiedenen Charaktere mit Liedern vor – Gigi l'Amoroso, den Dorfpfarrer, die üppig sinnliche Schönheit Dalida, den Caruso vom Dienst oder die betörende Giulietta – und verspeist gemeinsam auf der Bühne eine Portion Spaghetti. Leider, und das wissen alle Schauspieler und Sänger, von den unbekanntesten bis zu den berühmtesten, ist es ein aussichtsloses Unterfangen, vor einem Publikum zu spielen oder zu singen, das bei Tisch sitzt. Und es ist eine unmögliche Herausforderung, wenn das Lokal ausschließlich mit Pierre Cardins Freunden besetzt ist! Tatsächlich findet die Aufführung eher, wie soll ich sagen, zurückhaltende oder gar keine Beachtung. Wie erwartet, übertönen die Gespräche im Saal die Chansons auf der Bühne, und der folgende diskrete Beifall ändert am allgemeinen Desinteresse nichts. Aber während wir mehr schlecht als recht den zweiten Akt in Angriff nehmen, steht Pierre auf und klatscht mit echter Begeisterung Beifall, was unverzüglich eine allgemeine Ovation, auf die wir nicht mehr gehofft haben, auslöst. Nachdem die Zuschauer gewonnen sind, verläuft die Aufführung reibungslos und endet mit einem Lied, das nach der Musik von «*Otto e mezzo*» geschrieben wurde, natürlich gefolgt von einem «*Arrivederci Roma*», bei dem Pierre das Publikum zum Mitsingen animiert.

Glückwünsche, Danksagungen und Einladungen an die ganze Truppe, sich dem Abendessen anzuschließen. Ein Tisch wurde im Übrigen für uns reserviert, und unter den finsteren Blicken der Kellner – Komödiantenvolk zu bedienen, als wären sie Prinzen und Minister, ist ja wohl der Gipfel! – feiern wir lautstark unseren Erfolg.

Auch wenn die Gespräche wieder in Schwung gekommen sind, herrscht an der Ehrentafel doch eine gewisse Ermattung. Man redet nicht mehr um die Wette, sondern nur noch mit seinem Tischnachbarn, ohne zu glänzen, ohne Begeisterung, und trotz der Versuche der am stärksten betrunkenen Gäste, für gute Laune zu sorgen, langweilt man sich. In einer solchen «Spätabendstimmung» wartet man ungeduldig auf das Zeichen zum Aufbruch. Jeder sieht, dass Pierre die Ehrentafel verlassen hat, um sich gemütlich an unseren Tisch zu setzen, wo die Stimmung offensichtlich lebhafter ist. «Mit euch hat man mehr Spaß», erklärt er uns. Und in der Tat machen Klatsch und Tratsch aus den Kulissen ungehemmt die Runde, es werden Witze gerissen und Chansons gesungen. Ah, die Chansons! Wir wissen, dass Pierre sie liebt, dass er auch selbst gerne singt, aber dass er ein unglaubliches Gedächtnis besitzt, war uns nicht bewusst. Er kennt die Texte sämtlicher Chansons auswendig, keinen vergisst er, ob in Französisch, Englisch oder, natürlich, Italienisch.

Unter Pierres Leitung kommt rasch die Idee einer neuen Darbietung an unserem Tisch auf: «Wunschkonzert». Und da erklingen sie alle: Piaf, Brel, Brassens, Trenet, Montand. Er weiß alles, will alles, singt alles! Die Gäste an den anderen Tischen wachen allmählich wieder auf und stimmen ein. Schließlich fühlen alle sich verpflichtet, sich an unserem Tisch zusammenzufinden. Das improvisierte Konzert unter Pierres Kommando wird rasch zu einem geselligen Krakeelen, bei der Champagner- und Limoncello-Flaschen beitragen, dass unser nicht enden wollendes Repertoire einen volkstümlichen und plärrenden Klang erhält: Luciano Pavarotti, Toto Cutugno, Eros Ramazzotti, Richard Cocciante, Dalida und nicht zu vergessen Mina, Pierres Lieblingssängerin. Die Klassiker «*Felicità*» von Al Bano & Romina Power, «*Caruso*» von Lucio Dalla sowie «*Volare*», «*Bella ciao*» und «*Arrivederci Roma*» werden von allen im Chor mitgesungen ... Es nimmt kein Ende!

Zwei Uhr früh. Pierre wirft sich in seinen Jaguar, während die letzten Gäste, die auf den historischen Bänken des Restaurants mit einer Flasche Champagner in der Hand stehen, nach mehr verlangen: «Ein Lied! Ein Lied! Ein Lied!» Auch ich bin im Aufbruch begriffen, als mich ein ausgesprochen eleganter Fünfzigjähriger, der sich bis dahin im Dunkeln gehalten hat, anspricht. Er gratuliert mir zur Aufführung und schlägt mir ein Treffen vor.

«Könnten Sie dieser Tage in mein Büro kommen? Ich möchte mit Ihnen reden. Ich weiß, dass Pierre Cardin Sie sehr mag. Sie sprühen vor Talent. Er vertraut Ihnen, und ich möchte von Ihnen als Insider erfahren, ob er sich wirklich dazu entschlossen hat, das Maxim's zu verkaufen. Zumindest geht das Gerücht in Paris. Ich bin sehr interessiert. Vielleicht könnten Sie mir helfen? Hier ist meine Visitenkarte. Ich denke, mein Angebot könnte Monsieur Cardin interessieren. Und Sie vielleicht auch? Jedenfalls, noch mal bravo. Ich habe alle Ihre Aufführungen gesehen, ich bin ein Fan. Rufen Sie mich an.»

Le Carnet à spirale

Eines ist nicht zu leugnen, Pierre weiß, wie man einkauft. Er liebt es zu kaufen, tut es für sein Leben gern. Er kauft alles Mögliche und manchmal Unmögliche, Hauptsache, es ist schön, originell, sonderbar und teuer, sehr teuer. Er besitzt zahlreiche Sammlungen aller Art: Gemälde, Vasen, Spiegel, Skulpturen, Musikinstrumente, Manuskripte, Weingüter, stillgelegte Bahnhöfe, Jaguars aus zweiter Hand, Landhäuser, Tiere aller Couleur, Schlösser. Er kauft und hat schon immer gekauft, als wäre die Welt nichts anderes als eine große Kunst- und Antiquitätenhandlung.

Seine unzähligen Wohnsitze sind voll von Objekten, die er von seinen Reisen mitgebracht hat und die er während des ständigen Einrichtens und Umziehens mal ins eine, mal ins andere Haus stellt, in andauernder fieberhafter und völlig unvorhersehbarer Betriebsamkeit. Es ist schwer zu sagen, ob er die Objekte kauft, um seine Häuser auszustatten, oder ob er seine Häuser kauft, um darin seine Objekte unterzubringen. Der Preis? Unwichtig.

Des Preises ist er sich auch nur bedingt bewusst, er ist kein Kriterium, das für ihn von Bedeutung wäre oder sein Verlangen zügeln könnte.

Eines Morgens treffe ich Pierre allein an einem kleinen Tisch im Schatten seines Lieblingsolivenbaums hinter seinem Schloss Les Quatre Tours in Lacoste an.

«Gérard, kommen Sie und frühstücken Sie mit mir. Sehen Sie, die Croissants sind ganz frisch, man hat sie mir soeben gebracht. Also, was haben Sie heute Morgen vor?»

«Nun ja, heute ist in Coustellet der große Markt. Ich liebe diesen Markt, also wollte ich dort ein paar Besorgungen machen.»

Nach kurzem Überlegen sagt Pierre mir zögerlich schüchtern: «Coustellet ist eine gute Idee. Ist der Markt jeden Sonntag? Ich war noch nie dort. Würde es Ihnen etwas ausmachen, wenn ich Sie begleite?»

Nun bin ich es, der zögert. Pierre ist 94 Jahre alt und hat langsam Mühe beim Gehen. Coustellet ist wie ein riesiger Jahrmarkt, voller Menschen, die sich durch ein Labyrinth aus Läden und Marktständen drängen, und im Juli wird es dort gewiss fürchterlich heiß sein.

«Brauchen Sie etwas, Pierre? Sie wissen, ich kann Ihnen etwas mitbringen.»

«Nein! Nein! Auch ich habe Lust, in Coustellet Besorgungen zu machen. Könnten Sie mich mitnehmen?»

«Natürlich, Pierre. Aber ich habe hier keinen Wagen, nur mein Motorrad.»

«Nein, nicht mit dem Motorrad: Ich habe ja keinen Helm! Mein Fahrer hat den Jaguar genommen, um zum Bahnhof zu fahren, aber das macht nichts, wir nehmen einfach meinen Wagen. Also einverstanden? Um zwölf Uhr?»

Und exakt zur vereinbarten Zeit setzt sich Monsieur Cardin, der fast nicht mehr selbst fährt, ans Lenkrad dessen, was man seinen Dienstwagen nennen könnte. Es ist ein alter, verbeulter Volvo, den er manchmal benutzt, um in der Umgebung mobil zu sein, wenn er seinen verschiedenen Umzügen folgt. Ein Wagen, den man von Weitem am Lärm erkennt, denn schon vor langer Zeit hat er in einer Kurve von Lacoste seinen Auspuff verloren.

Auf einer kleinen Landstraße des Luberon neben Pierre Cardin im Wagen zu sitzen, ist ein Erlebnis, das an eine Rallye Paris–Dakar mit Hubert Auriol erinnert. Die Geschwindigkeit ist am oberen Ende der Möglichkeiten des Fahrzeugs angesiedelt. Pierre fährt über die Landstraße, als wäre sie eine Autobahn. Jede Kurve wird geschnitten, oft touchieren wir den Randstreifen, während er die übrige Zeit ganz ungeniert in der Mitte der Fahrbahn fährt und entgegenkommende Fahrzeuge zwingt auszuweichen. Ohne Sirene und Blaulicht überholt er mit äußerster Gelassenheit alle anderen und schafft es, in Rekordzeit an sein Ziel zu gelangen – Coustellet!

Dort, wo sich die Straße von Avignon nach Apt mit derjenigen nach Gordes kreuzt, findet jede Woche der riesige Markt von Coustellet statt, der fast die ganze Stadt einnimmt. Der eine Teil ist den Produkten lokaler Produzenten vorbehalten: Obst und Gemüse, Wein, Honig, Käse und Blumen. Im anderen Teil findet man Antiquitäten, Secondhandkleidung, Flohmarkttrödel, allerlei Kleider, Kunstbücher, Fayencen und afrikanische Kunst. Es ist eine Art provenzalischer Suk, auf dem man liebend gerne stundenlang verweilen mag. Das Vergnügen zu verweilen? Pierre kommt direkt darauf zu sprechen.

«Also, Gérard, ich lasse Sie Ihre Besorgungen machen, während ich die meinen erledige, und in einer Stunde treffen wir uns wieder hier bei diesem Straßenschild.»

«Soll ich Sie nicht lieber begleiten?»

«Nein, nein, nein. Nicht nötig. An einem solchen Ort sollte sich jeder frei fühlen zu gehen, wohin er will und wie es ihm gefällt. Auf gehts, wir treffen uns um halb zwei wieder bei diesem Verbotsschild.»

Und ohne meine Antwort abzuwarten, entfernt er sich mit leichtem Hinken. Trotz der sengenden Sonne trägt er keinen Hut. Rasch ist er zwischen den Marktständen verschwunden, von der Menschenmenge verschluckt. Leicht beunruhigt mache ich mich ebenfalls auf den Weg ins Herz des Jahrmarktes. Von der Hitze ganz benommen, halb verdurstet und erschöpft kehre ich eine Stunde später zu dem besagten Schild zurück. Niemand da! Wie befürchtet, ist Pierre nicht am vereinbarten Treffpunkt. Nach einer Viertelstunde fange ich an, mir ernsthaft Sorgen zu machen. Wenn er sich nun verlaufen hat? Wenn er einen Sonnenstich bekommen hat und hingefallen ist? Oder, ohne Papiere dabeizuhaben, von einem Krankenwagen zu einem unbekannten Zielort gebracht wurde?

Eine Stunde, eine lange Stunde verstreicht, und noch immer kein Pierre Cardin in Sicht! Ich sage mir, dass er nie mehr zu unserem Treffpunkt zurückfinden wird. Und ich – ich! – bin verantwortlich für sein Verschwinden. Man lässt einen 94-Jährigen nicht in einer Menschenmenge auf einem so riesigen Markt in der glühenden Sonne allein. Ich und niemand sonst bin schuld! Schuld am Verschwinden von Pierre Cardin!

Polizei, Feuerwehr, Rettungshelikopter, Gerichtssaal schießen mir in den Sinn ... Und vieles mehr. Gequält von diesen unheilvollen Aussichten, schicke ich mich an, die Behörden zu alarmieren, als ich in der Ferne, so unerreichbar wie eine Luftspiegelung in der Ténéré-Wüste, die zierliche, zögerliche Gestalt von Pierre erblicke, der beim Gehen ein Bein zwar leicht hinter sich herzieht, aber offenbar ohne größere Schwierigkeiten. Er trägt einen prächtigen, nigelnagelneuen Panamahut und ist umringt von einer Schar Gepäckträger, deren Arme mit verschnürten, aufeinandergetürmten Paketen beladen sind: Bronzeskulpturen, kleine Statuen aus Elfenbein, Fayencen aus Apt, antike Vasen, eine Sammlung von Tellern aus gemischten Tonerden, ein Kristalllüster ... seine neuesten Einkäufe eben.

«Ah, Gérard! Tut mir leid, ich habe mich ein wenig verspätet. Es gibt hier so viele Dinge, da konnte ich einfach nicht widerstehen. Los, kommen Sie, wir laden das alles in den Wagen und fahren nach Hause! Jetzt müssen wir nur noch ein paar Besorgungen für das Mittagessen machen. Denn Sie essen doch mit mir zu Mittag, nicht wahr?»

Und so stürzen wir uns erneut in die pralle Hitze des Marktes, der in der Zwischenzeit nicht weniger gut besucht ist – es ist immerhin kurz vor vier. Wir haben gerade noch Zeit, ein paar Dinge zu kaufen: Melonen – «Nehmen wir gleich ein Dutzend, die sehen richtig gut aus» –, Schafskäse – zwei große Laibe –, zum Nachtisch eine ‹Tarte Tropézienne›[7] für zwölf Personen – «Ich liebe diesen Cremekuchen. Die Tartes meiner Hausmeisterin in Port La Galère sind absolut köstlich» – und nicht zu vergessen ein riesiges Tiramisù – «Für meinen Fahrer, er ist Italiener, das wird ihn freuen» –, dann noch eine letzte Runde, um Obst zu kaufen, und zurück gehts nach Lacoste!

Pierre geht gerne einkaufen, er liebt es. Es ist eine seiner großen Leidenschaften, und er findet immer Mittel und Wege, ihr nachzugeben. Doch so sehr er das Kaufen liebt, so entsetzlich findet er es zu verkaufen.

---

7 Ein dem Bienenstich ähnlicher Kuchen mit Cremefüllung. (Anm. d. Ü.)

An manchen Tagen treibt ihn seine schlechte Laune dazu, allem zu widersprechen, alles abzulehnen, was man ihm vorschlägt. Wer Bescheid weiß, vermeidet es, an solchen Tagen einen Termin mit ihm zu vereinbaren. Abgespannt und ohne zu wissen, in welcher Stimmung er an diesem Tag ist, tappe ich in die Falle, als ich sein Büro betrete.

«Nein, Gérard. Sie verstehen, Ihre Aufführungen kosten mich zu viel, viel zu viel. Mit Ihnen verliere ich viel Geld.»

«Aber, Pierre, ich denke, Sie irren sich. Auch wenn meine Aufführungen vielleicht keinen Haufen Geld einbringen, verlieren wir nichts.»

Meine Bemerkung verschlimmert seine schlechte Laune nur. «Rufen Sie den Finanzdirektor.»

Es erscheint der Verantwortliche für das Budget, der mir, so befürchte ich, den Todesstoß versetzen wird, was im Hause eine häufig angewandte Praxis ist.

«Also, José, sagen Sie mir: Wie viel kosten uns Gérards Aufführungen.»

Zu meiner großen Überraschung leuchtet die Antwort auf wie ein Regenbogen des Friedens und der Harmonie nach dem Regen.

«Monsieur Cardin, wir verlieren mit Gérard kein Geld. Im Gegenteil, er bringt uns eine Stange Geld ein.»

Von dieser völlig unerwarteten Antwort bin ich vor Freude wie vom Blitz getroffen. Pierre, der es nicht erträgt, unrecht zu haben, wird bösartig, und seine Antwort ist schneidend.

«Mag sein, aber Sie vergessen dabei die Reinigungs-, Strom- und Heizkosten. Das alles kommt mich sehr teuer zu stehen!»

Aber die gute Nachricht, so überraschend sie auch war, scheint die Stimmung doch etwas entspannt zu haben.

«Gut, kommen wir zu etwas anderem. Gérard, ich habe Sie hergebeten, weil ich das Maxim's wiederbeleben und es zurück an seinen wahren Platz als berühmtestes Restaurant der Welt rücken möchte. Was halten Sie davon?»

«Was halten Sie davon?» ist einer von Pierres Lieblingssätzen, die er ohne Vorwarnung fallen lässt, um einerseits die Reaktionsfähigkeit seines Gegenübers abzuschätzen und andererseits nach einer möglichen neuen Idee nachzufragen, die er dann annehmen oder ablehnen kann, je nachdem, ob sie ihm genehm ist oder nicht.

Ohne zu fackeln, gehe ich zum Angriff über.

«Pierre, Sie sollten einen Sternekoch einstellen. Das Maxim's ist weltbekannt, und es ist es sich schuldig, einen Sternekoch zu haben. Wenn Sie es wünschen, kann ich einen Kontakt zum Koch des ‹George V› aufnehmen, der sicherlich sehr interessiert wäre.»

Seine Antwort kommt wie aus der Pistole geschossen, kategorisch und endgültig.

«Nein. Ich will keinen Sternekoch bei mir! Ich habe schon einen jungen Koch, der sehr gut ist und mit dem ich mich bestens verstehe. Ich will nicht, dass mir irgendein Sternekoch seine Ideen und Forderungen aufzwingt. In meinem Haus bleibe ich der Hausherr.»

Schweigen. Offensichtlich erwartet er eine andere Idee. Ich muss schnell sein.

«Pierre, warum richten Sie nicht jeden Sonntagmorgen im Maxim's einen Brunch aus? Gänseleber, Lachs, Kaviar und Blini. Die Leute sind ganz versessen aufs Brunchen, sie werden sich darauf stürzen, so viel steht fest, und bereit sein, sich ein so pariserisches Erlebnis gerne etwas kosten zu lassen.»

«Nein, das ist zu kompliziert. Ich bräuchte neues Personal, mein bisheriges kann das nicht bewältigen, und ich will niemanden mehr einstellen, ich habe schon genug Probleme mit meinen Angestellten.»

Es ist sinnlos, darauf zu beharren, die Türen des Gesprächs schließen sich und bleiben geschlossen. Nein, nicht ganz, denn am nächsten Donnerstag werde ich erneut vorgeladen.

«Gérard, ich habe eine Idee. Können Sie mir helfen? Nun, ich dachte, es wäre gut, einen Sternekoch fürs Maxim's zu haben. Was halten Sie davon? Das wäre doch großartig, oder? Haben Sie Kontakte?»

Ein paar Tage später empfängt Pierre Cardin den Sternekoch des «George V». Ich bin bei dem Treffen nicht zugegen und weiß nicht genau, was gesagt wurde, nur, dass das Gespräch nicht von

Erfolg gekrönt war. Am folgenden Tag erzählt mir der Koch am Telefon, dass es sogar sehr schlecht gelaufen sei. Monsieur Cardin wollte über alles selbst entscheiden, über die Gerichte, die Menüs, die Soßen, die Wahl der Produkte und sogar über die Ausstattung und Einrichtung der Küche. Unter solchen Bedingungen zu arbeiten, komme überhaupt nicht infrage. Abgang Sternekoch!

Zu dieser Zeit ruft mich jener Herr an, der mir an einem Galaabend seine Visitenkarte gegeben hat.

«Bonjour, Monsieur Chambre, wie geht es Ihnen? Sie haben nie bei mir hereingeschaut. Dabei habe ich Sie erwartet. Aber bestimmt sind Sie sehr beschäftigt. Nun, wie Sie wissen, geht in Paris noch immer das Gerücht um, Monsieur Cardin habe beschlossen, das Maxim's zu verkaufen. Könnten wir uns treffen?»

Am Abend erzähle ich Pierre davon, und er gibt mir sein Einverständnis, den Herrn zu empfangen, allerdings unter der Bedingung, dass dieser tatsächlich in der Lage ist, den Preis für das Maxim's zu bezahlen: «Eine Milliarde! Ich will eine Milliarde. Für weniger gebe ich es nicht her, machen Sie ihm das klar.»

Das Treffen wird für in ein paar Tage später ausgemacht. Zur vereinbarten Zeit stehe ich zusammen mit den beiden Direktoren einer der größten Investmentgesellschaften der Welt vor der Tür der Avenue de Marigny 27. Doch der Portier informiert mich barsch, Monsieur Cardin wolle heute niemanden empfangen. Die Verhandlung lässt sich schlecht an. In großen Sprüngen eile ich die Treppe zu Pierres Büro hinauf, um ihm mitzuteilen, dass die Verkaufsbedingungen erfüllt zu sein scheinen. Er solle die beiden Besucher unbedingt empfangen.

«Sehr schön, Gérard. Lassen Sie sie hochkommen, ich werde sie empfangen.»

Das Treffen beginnt holprig.

«Nun, es sieht so aus: Wenn Sie eine Milliarde haben, können wir diskutieren. Wenn nicht, brauchen wir weder Ihre noch meine Zeit zu verschwenden.»

Ohne sich groß aus der Fassung bringen zu lassen, setzen die beiden Besucher ihm die Lage ihrer Gesellschaft auseinander:

Kürzlich hätten sie unter anderem zwei Gebäude an den Champs-Élysées, fünf Geschäfte in der Rue du Faubourg Saint-Honoré und ein Theater im Quartier der Grands Boulevards erworben. Der Ton wird umgänglicher, ja höflich.

Dann steht Pierre auf und verschwindet wortlos in seinem zweiten Büro. Nach ein paar Minuten kommt er mit einem vergilbten Foto zurück, das er den offenkundig überraschten Finanzdirektoren zeigt. «Da, sehen Sie, das bin ich mit Gorbatschow.» Und erneut entschwindet er in den Nebenraum und kehrt mit zwei weiteren Fotos zurück. «Das da bin ich mit Jackie Kennedy. Und da mit Fidel Castro.» Und schon ist er wieder weg, um noch mehr Fotos zu holen. Die Zeit vergeht, und an den Blicken, die die beiden Investoren tauschen, ist unschwer zu erkennen, dass sie nicht begreifen, was da ausgeheckt wird. Pierre kommt bereits mit neuen Fotos zurück. In dem Bestreben, die Diskussion über das Thema, das sie hierhergeführt hat, wieder aufzunehmen, fragt einer der beiden Direktoren:

«Monsieur Cardin, um besser zu verstehen, was Ihr Angebot über eine Milliarde bedeutet, können Sie uns sagen, was genau diese Milliarde beinhaltet?»

«Aber natürlich, das kann ich Ihnen sagen. Sehen Sie, ich weiß ganz genau, was Tag für Tag, Stunde für Stunde bei mir vor sich geht.»

Daraufhin zieht er ein kleines Ringbuch hervor, schlägt es vorsichtig auf, entfaltet zwei Blätter, die auf beiden Seiten mit Klebeband daran befestigt sind, und fängt an, die handgeschriebenen, bunten Zahlenreihen herunterzulesen: Maxim's Restaurant, Maxim's Schokolade, Maxim's Boutique, Maxim's Prêt-à-porter... Kurz davor, einen Lachanfall zu bekommen, sehe ich, wie sich die beiden Direktoren ungläubig einander zuwenden und nicht wissen, wie sie sich aus dieser Lage herauswinden sollen. Das Gespräch endet daraufhin sehr schnell mit dem Versprechen unserer beiden Investoren, am nächsten Tag ein Angebot mit der Post zuzustellen. Ein Angebot, das nie beantwortet werden wird.

Eines jedenfalls erfuhren sie nie:
Pierre Cardin liebt das Kaufen, aber er hasst das Verkaufen!

L'Aigle noir

Pierre hat ein Faible für Schauspielerinnen, Schauspieler, Theaterleute, Sänger, Dichter, Tänzer... mit einem Wort: Er mag die Künstler. Er versteht sie, durchschaut sie, bewundert sie. Vielleicht beneidet er sie sogar? Glauben wir es einmal. Besieht man sich seine Karriere, so muss man feststellen, dass er sein Leben um die Welt des Theaters herum aufgebaut hat. Aber stets eine gewisse Distanz zu ihr wahrt. Er kennt ihre Geheimnisse: das Imaginäre, den Traum, den trügerischen Schein des Ruhms, das Rampenlicht, die Kreativität, die Intrigen, die Komödie, die Tragödie, die Bravour, den Schneid, die Angst derer, die die Illusion wagen, über sich selbst hinauszuwachsen. Seine Karriere dreht sich um diese komisch-tragische Illusion, wie bei einem um eine Lampe flatternden Schmetterling, der bereit ist, sich die Flügel zu verbrennen. Pierre ist gewillt, für den Duft des Ruhmes cash zu bezahlen, auch wenn dieser Duft vergänglich ist.

Als sehr junger Mann versuchte er, mit allen Mitteln sich denen zu nähern, die eine Eintrittskarte zu dieser Welt hatten. Da er seine Qualitäten, aber auch seine Unzulänglichkeiten kannte, begann er zunächst als «Zuarbeiter». Doch bereits damals war er sich bewusst, dass sich so Türen öffnen würden, alle Türen, eine nach der anderen, und dass er schon bald an den Ort seiner Wünsche ankommen würde. Er hatte begriffen, dass man, um ein Kleid tragen zu können – und damit die ganze Welt einzukleiden –, man es zuerst erschaffen muss um jeden Preis, und so wurde er Kostümschneider! Wie zufällig entwarf er für Jean Cocteau die Kostüme zu dem Film «*Die Schöne und das Biest*» und wurde für die Dauer der Dreharbeiten das Double von Jean Marais.

Hingebungsvoll und mit Feuereifer stürzte er sich in die Arbeit, denn ohne Arbeit hat Talent keinen Bestand. Und die Arbeit, die liebt er. Außerdem reicht ein schönes Äußeres (denn schön war er) nicht aus, um sich in der Welt einen Platz zu erobern. Es braucht viele weitere Trümpfe: Eleganz, Charme, Originalität, Geduld, Ehrgeiz, Diskretion, Zuversicht und Selbstvertrauen. Aber um sein Ziel zu erreichen, gibt es nur eine Waffe: Arbeit! Arbeit! Und noch mal Arbeit! Nach und nach zeichnete er sich den schwierigen Weg vor, den er gewählt hatte, und er wusste, es würde keinen anderen geben. Keinen Augenblick lang zweifelte er an seinem Erfolg. Er wusste, woher er kam.

Gerne wäre er Schauspieler geworden, sogar versucht hat er es. «Aber ich war so schlecht! Wir drehten in Brasilien ‹Jeanne la Française› mit Jeanne Moreau. Ich spielte einen Botschafter. Aber ich bin schnell zu meiner Näherei zurückgekehrt!»

Er wurde Modeschöpfer, entfernte sich aber nie allzu weit von der Bühne. Die Kostümproben, diese Vorpremieren, bei denen die Kostüme exklusiv für eine Theateraufführung vorgestellt werden, sind das erste Reich dieses Schneiderfürsten. Dann beschloss er, seine eigenen Premieren zu organisieren. Denn Premieren mag er, liebt er. Tatsächlich liebt er nur das. Natürlich lässt er sich gerne dazu einladen, vor allem aber liebt er es, selbst Premieren zu veranstalten. Sein ganzes Leben wird lediglich eine Reihe von zumeist erfolgreichen Premieren gewesen sein. Rasch erkannte er ihre Bedeutung. Was nach der Premiere passiert, hat ihn auch nie wirklich interessiert. «Den Laden am Laufen halten sollen andere!»

Auch liebt er die jungen Helden. Nicht einfach die schönen Jünglinge, die ihm ihre Schönheit und Einzigartigkeit zur Verfügung stellen, um während der Modenschauen seine Schöpfungen ins Erhabene zu steigern – seine Models, seine Schatten. Nein, er liebt es, als Erster noch vor allen anderen jene zu entdecken, die die Verheißung des Talents in sich tragen.

Er sieht sich als einen Pygmalion, der die Künstler ans Licht bringt, sie entstehen und leben lässt. In gewisser Weise will er seine Künstler besitzen, will, dass sie ihm gehören. An seinem Theater des Espace Cardin entdeckt und präsentiert er eine unglaubliche Zahl an Künstlern, die von überallher kommen, Künstler, die er auf Kleinkunstbühnen, in Kabaretts, auf Hausbooten oder in Ballsälen ausfindig macht oder in einem Nachtklub findet.

Auf diese Weise schenkt er der Welt Schauspieler wie Gérard Depardieu und Coluche, er hilft, begleitet, überredet und unterstützt sie, und er überzeugt sie davon, dass sie es bis ganz nach oben schaffen werden, indem er ihnen diskret und glaubhaft die Gewissheit ihres künftigen Erfolgs vermittelt. Er entdeckt viele, außerordentlich viele. Einige machen Karriere, andere verschwinden wieder von der Bildfläche. Und wenn er heute etwas bedauert, dann, dass keiner von ihnen ihm Anerkennung dafür zollte, dass er sie auf diese Weise ins Rampenlicht gerückt hat.

«Ich habe alles für sie getan, und jetzt, da sie Stars sind, existiere ich nicht mehr, sie haben mich vergessen. Ich erwarte keinen Dank, nein, ich hätte einfach gerne etwas Anerkennung, das ist doch nicht zu viel verlangt!»

Es gibt einen, bei dem diese fast hellseherische Gabe, Talente zu entdecken, Pierre sehr am Herzen liegt, und er ist wahnsinnig stolz darauf: Gérard Depardieu. Nie wird er es müde, diese Geschichte zu erzählen, die unvermeidlich bei jedem oder fast jedem Abendessen auftaucht – und ich bringe ihn gerne dazu, sie zu erzählen.

«Pierre, Sie haben doch Gérard Depardieu entdeckt, oder?»

«Natürlich, das war ich! In ‹Der Ritt über den Bodensee› von Peter Handke mit Jeanne Moreau, Sami Frey, Michael Lonsdale und Delphine Seyrig in der Inszenierung von Claude Régy… Ein wunderbares Theaterstück! Ich brachte Gérard mit, ich hatte ihn in einem kleinen Theater im Hallenviertel gesehen, wo er eine Rolle ohne Text hatte, er tat nichts als schreien, das aber mit solcher Präsenz, dass ich Régy sofort vorschlug, er solle ihn in seine Truppe aufnehmen. Schon während der Proben spürte ich, dass er es weit, sehr weit bringen würde. Wissen Sie, wie ich das spürte? Nun, eines Tages kam mein Inspizient zu mir und meldete mir, dass im Theater regelmäßig jemand den Kaffeeautomaten demolierte, um daraus die Zwanzig-Centimes-Münzen zu stehlen. Der Inspizient, der neu im Haus war, versicherte mir, der Dieb müsse Gérard Depardieu sein. Also lud ich Gérard zwischen zwei Proben zu einem Gespräch unter vier Augen in mein Büro. Ich sagte zu ihm: «Hören Sie, Gérard, ich begreife das nicht, ich bezahle Sie ausgesprochen gut, Sie werden bei mir gut behandelt, und trotzdem demolieren sie meine Kaffeemaschine, um an meine Münzen zu kommen?» Er sah mir direkt in die Augen und antwortete: «Aber Monsieur Cardin, ich nehme die Münzen nicht.» Und das sagte er mit solcher Aufrichtigkeit, solchem Talent, dass ich mir sagte, dieser Junge wird es noch sehr weit bringen, er wird ein wirklich großer Schauspieler werden. Und wie Sie sehen, ich habe mich nicht getäuscht!»

Zu Pierres achtundneunzigstem Geburtstag kam Gérard Depardieu zum Festival in Lacoste, um sein «*Depardieu chante Barbara*» zu singen: eine zweieinhalb Stunden lange, sagenhafte Show, bei der er alles gab. Ein Triumph!

Nach der Show lehnte Depardieu, erschöpft und krank, es ab, an dem zu seinen Ehren ausgerichteten Essen teilzunehmen. Umgeben von einer Schar (russischer?) Leibwächter, stieg er in sein Auto, um unauffällig wegzufahren. Da näherte sich im dunklen Theaterhof leise Pierre Cardins alter Jaguar. Ohne auszusteigen, wechselten die beiden durch die heruntergelassenen Scheiben ein paar Worte. Dann fuhr Depardieus Wagen ganz langsam los und verschwand in der Dunkelheit.

Les Champs-Élysées

Pierre Cardin ein Projekt für eine neue Aufführung vorzustellen, war schon immer eine ganz besondere Herausforderung. Die Vorgehensweise muss sich nach seinem Aufenthaltsort samt dazugehöriger Tageszeit richten, nach seiner Verfügbarkeit und nach seiner Stimmung. Mit großer Sorgfalt muss jedes Mal ein wahrer Schlachtplan entwickelt werden.

Kleines Handbuch für die Präsentation:

Zunächst mit Nachdruck und Entschlossenheit – das ist unabdingbar – einen originellen und wenn möglich unzeitgemäßen Titel vorschlagen sowie für den Fall, dass der Titel nur mit mäßigem Interesse aufgenommen wird, einen Plan B parat haben. Sollte es glücken und auch nur einen winzigen Funken Interesse wecken, sogleich mit einer leidenschaftlichen Darstellung des Ablaufs fortfahren und ihn entsprechend den Reaktionen, Bemerkungen oder Vorschlägen abändern.

Ist dieser erste Schritt getan, über die geplante Besetzung reden, indem man ihm mit der Wahl der Schauspieler schmeichelt, und auf die ersten Reaktionen warten. Die von vollständiger Zustimmung bis absolutem Desinteresse reichen können. Im Falle glühender Begeisterung wird Pierre sich mit Genuss des Themas annehmen, es mit seiner Vorstellungskraft, seinen Vorlieben, seinen Zeichnungen und allem, was ihm in den Sinn kommt, ausschmücken. Kurzum, er wird daraus seine eigene Schöpfung machen.

«Ja! Das wird ein großer Erfolg, das wird überall Aufmerksamkeit erregen, wir starten eine gewaltige Pressekampagne, ich werde selbst das Plakat zeichnen, in Gelb, auf einem Plakat sieht man Gelb schon von Weitem, wir veranstalten eine großartige Premiere mit der ganzen Pariser Hautevolee, nur den Titel müssen wir ändern, Sie sollten es ‹Le petit Fabrice› nennen, ein sehr guter Titel.»

Genau in diesem Augenblick muss man konkret werden oder anders gesagt: Man muss das Budget vorschlagen. Weist das Projekt alle Elemente, die ihm zusagen, auf, ist dieser Teil schnell abgenickt. Er wird die Zahlen kaum anschauen, nur aus Prinzip noch zwei, drei Fragen stellen. Doch obwohl er sich um solche Lappalien keineswegs zu kümmern scheint, wird er sich noch viel Zeit lassen, bevor er den nervös hingehaltenen Stift ergreift. Hält er ihn einmal in der Hand, dann allerdings nicht, um das besagte Budget mit seiner Unterschrift zu genehmigen, sondern um Bühnenbild, Kostüme, Requisiten und manchmal sogar die ganze Bühnenanlage zu zeichnen.

Noch ein paar Minuten des Wartens – und der Spannung! –, und Pierre Cardins Namenszug steht unten auf dem Dokument.

Von da an ist das Projekt abgesegnet, denn er hat sein Wort gegeben und wird es nicht brechen, auch wenn das Vertragsformular, das es in mehreren Exemplaren und in ordentlicher Juristensprache auszufüllen gilt, nichts von einem offiziellen Dokument hat.

Sollte die vorgeschlagene Idee Pierre aus irgendeinem Grund jedoch nicht passen, kann er sich furchterregend gebärden und macht alle Hoffnung zunichte, er könne seine Meinung ändern. «Das ist ja nicht gerade originell. Das hatten wir doch schon einmal. Keiner wird sich für so eine Aufführung interessieren.»

Oder: «Zu teuer. Ich kann es mir nicht leisten, ein Vermögen auszugeben.»

«In dieser Aufführung werden Sie ja gar nicht zur Geltung kommen, das bringt Ihnen doch nichts!»

Oder: «Ich habe immer Stücke zur Aufführung gebracht, die ich selbst auf der ganzen Welt zusammengetragen habe. Außergewöhnliches erwartet man von mir. Pierre Cardins Aufführungen müssen seinen Charakter widerspiegeln!»

Oder: «Außerdem mag ich das Thema nicht, und zwar überhaupt nicht. Ich habe ja wohl das Recht auszuwählen! Schließlich bin ich es, der zahlt, also muss es vor allem mir gefallen, oder etwa nicht?»

Aus Erfahrung kenne ich Pierres Reaktionen. In unserer fünfzehnjährigen Zusammenarbeit habe ich rund zwanzig Stücke zur Aufführung gebracht, und oft musste ich mich seinen Wünschen beugen. Wie viele Male änderte ich meine Projekte und bediente mich manchmal sogar nicht ganz zulässiger Listen, die an Zaubertricks oder Betrug grenzten?

2015 beispielsweise schlug ich Pierre vor, ein Stück über die Frères Jacques aufzuführen.

«Oh, nein! Ich kann diese Jungs nicht leiden. Sie waren so lächerlich in ihren kurzen, bunten Anzügen und ihren scheußlichen Strumpfhosen. Außerdem kennt man sie ja gar nicht mehr. Wer erinnert sich denn überhaupt noch an sie? Ich habe sie nie ausstehen können, das wird niemanden interessieren!»

In meiner bereits fertig einstudierten Aufführung griff ich zwar das Repertoire der Frères Jacques auf, aber in einer Inszenierung, die weit vom Original entfernt war: keine Strumpfhosen, vier Burschen und zwei Mädchen, eine fiktive Geschichte über ihre Weltkarriere und ihre großartigen Chansons. Das Projekt lag mir so sehr am Herzen, dass ich es Pierre einige Tage später unter dem Allerweltstitel «*Zazou-Swing chez Maxim's*» erneut vorstellte. Und wie erwartet, wurde sie von ihm ohne irgendein Zögern angenommen.

«Die Zazous? Na, ich war einer der ersten Zazous in Paris, wissen Sie. Ich war zwanzig und echte Avantgarde: ein richtig langes, gelbes Jackett mit grünen Streifen, ein Hemd aus Organdy mit einem hohen, weißen Mandarinkragen, dazu natürlich die violette Krawatte und die Hose aus schottischem Flanell, unten sehr weit, mit Aufschlägen, die über meine pinken Lederschuhe mit Kreppsohlen fielen. Mein Haar war aufgestellt, pomadisiert, und ich trug eine Hornbrille. Ich hatte so einen Erfolg! Dass ich die Zazous kenne, können Sie sich wohl vorstellen! Gut, wann fangen Sie an?»

Manchmal sind meine Argumente nicht die richtigen, und ich mühe mich umsonst ab, ihn zu überzeugen. Eines Tages hatte ich die Idee, nicht den allseits bekannten «*Cyrano de Bergerac*», sondern einen «*Cyrano de Berge-Rock*» als Musical aufzuführen. Die Idee war folgende: Edmond Rostands Originaltext sollte erhalten bleiben, aber in jeder Szene durch ein, zwei Chansons aufgelockert werden. Mein Cyrano, mit der Elektrogitarre über der Schulter, hätte in der heutigen Zeit gelebt, in der Rockszene. Kein aufbrausender, streitlustiger Haudegen, vielmehr ein klasse Rocksänger, der seine Elektrogitarre beherrscht hätte wie Cyrano sein Rapier, und der mit seinen Riffs die verschreckten Möchtegern-Bohemiens attackierte. Cyrano und sein Rivale Christian, beide schwer verliebt in Roxane, hätten im Duett natürlich «*Roxanne*» von Sting gesungen. Ich hatte mir eine Geschichte zwischen Cyrano und Christian, der ebenfalls Rocker war, ausgedacht, die etwas von einer Dreiecksbeziehung hatte, in der ein Touch Sex & Rock 'n' Roll die große Liebesgeschichte aufgepeppt hätte. Ich war übrigens erstaunt, dass die amerikanischen Produzenten der 42nd Street den Stoff noch nicht für ein Broadway-Musical aufgegriffen hatten. Trotzdem war ich mir sicher, dass Pierre von der musikalischen Adaptation begeistert sein würde. Daher ging ich voller Zuversicht zu ihm, sprühend vor Energie und Ideen für das neue Abenteuer, das ich ihm vorstellen wollte.

Beim Namen Cyrano ließ er mich nicht weiterreden.

«Ich mag Cyrano nicht. Ich mochte diese Figur noch nie.»

Ich versuchte, ihn zu überzeugen.

«Aber Pierre, es geht um einen rockigen Cyrano.»

«Die Rockmusik mag ich auch nicht.»

Ich ließ nicht locker und brachte ein unschlagbares Argument vor.

«Es ist die Liebesgeschichte zwischen zwei jungen Männern, die sich durch dieselbe Frau lieben. Das liegt im Trend, das ist sehr beliebt, dem Publikum wird es gefallen.»

«Hören Sie, Theater mache ich nicht für das Publikum, sondern zu meinem eigenen Vergnügen. Das Publikum weiß nicht, was es mag. Ich schon. Ich weiß, was die Leute mögen. Ich habe rund hundert Stücke mit den größten Schauspielern aufgeführt: Gérard Depardieu, Jeanne Moreau, «*Der Ritt über den Bodensee*» in der Inszenierung von Claude Régy, und das Publikum war begeistert. Ich tue, was mir gefällt, und ich sage Ihnen, dass mir Cyrano nicht gefällt. Dazu habe ich doch das Recht, oder nicht?»

Ende der Unterhaltung.

Bei dem Musical «*Don Quichotte Flamenco*», bei dem Pierre eine gewisse Abneigung zeigte, zog ich es anders auf. Um ihn zu überzeugen, inszenierte ich mit meinen Musikern und Schauspielern ein wahres Kommandounternehmen. Ich setzte mich mit dem Chef von *Paris Calèches* in Verbindung, der einzigen Firma, die meines Wissens damals in Paris Kutschfahrten anbot, und erzählte ihm meine Geschichte. Und sie gefiel ihm! Er versicherte mir, dass es nicht verboten sei, in einer Pferdekutsche durch Paris zu fahren, und war bereit, mir eine Kutsche und zwei Pferde zur Verfügung zu stellen. Wir vereinbarten also ein Treffen vor dem Espace Cardin. Ich hatte meine Rüstung angelegt und trug Don Quichottes berühmten Helm. Natürlich begleitete mich mein getreuer Sancho Panza. Vor Ort traf ich auf meine ganze Truppe in historischen Kostümen. Da kamen auch schon die Kutsche und zwei riesige Percheron-Kaltblüter, der eine für die Kutsche, der andere für mich. Nicht ohne Schwierigkeiten hievte man mich auf dieses Ungetüm – das angesichts von Omnibussen, Ampeln und Staus eine unerschütterliche Ruhe und Sanftheit an den Tag legte –, und der Umzug setzte sich in Richtung Champs-Élysées in Bewegung. An der Spitze Don Quichotte auf seinem stolzen Streitross, hinter ihm auf einem Fahrrad Sancho, der würdevoll die Standarte seines Herrn trug, und in der Kutsche als Gefolge die Gitarristen und Flamencotänzerinnen, die das Ganze mit Herzblut musikalisch umrahmten. In leichtem Trab ging es die Champs-Élysées hinauf unter den begeisterten Zurufen einer Menschenmenge, die über die unerwartete Erscheinung von Cervantes edlem, geisterhaftem Helden ebenso überrascht wie amüsiert war. Angesichts der außerordentlichen Fügsamkeit meines Reittieres fühlte ich mich sicher und erlaubte mir einfach mal so einen leichten Galopp. Unser Rückweg führte uns durch den Faubourg Saint-Honoré, wir waren noch in der gleichen Feierlaune, die den Verkehrsstau in eine Art Karneval verwandelte, den das Hupen, vermischt mit Flamencoklängen, rhythmisch begleitete. Als wir an Pierre Cardins Boutique vorüberkamen, stand das gesamte Personal an den Fenstern. Schließlich langte der Umzug am Eingangstor des Élysée-Palastes an. Die für die Sicherheit zuständigen Polizeibeamten waren so verblüfft, dass sie uns angesichts unserer Entschlossenheit eintreten ließen, in der Überzeugung, es könne sich wohl nur um ein offizielles Ereignis handeln. So zogen Don Quichotte auf seinem Kaltblut, Sancho auf seinem Fahrrad sowie die Musiker und Tänzerinnen in ihrer Kutsche keck an der heiligen Stätte vorüber, begrüßt von der Wache in Galauniform, die damals auf beiden Seiten des Eingangstors postiert war. Die Wache erwies uns also die Ehre, die wir uns zu erwidern beeilten, und in aller Seelenruhe setzte der Konvoi seinen Weg zum Maxim's fort, wo die Rückkehr von Don Quichotte und seiner Truppe auf Fotos und Videos festgehalten wurde.

Am folgenden Tag zitierte mich Pierre Cardin zu sich und erklärte mir mit sichtlich aufgesetztem Zorn: «Also wirklich, Gérard, was ist bloß in Sie gefahren, so einen Zirkus zu veranstalten? Stellen Sie sich das mal vor, das ist einfach unglaublich! Völlig verantwortungslos! Sie bringen das Haus Cardin in große Schwierigkeiten, wissen Sie! Wegen dieser Umtriebe werde ich von der Préfecture de police vorgeladen. Und ich werde persönlich beim Präsidenten der Republik Ihretwegen vorsprechen müssen. Gut, hiermit verbiete ich Ihnen strikt, so was noch einmal zu unternehmen, haben Sie gehört? Und was die Aufführung betrifft, so kommt es nicht infrage, ein Pferd auf die Bühne zu bringen, das ist zu gefährlich.» Inzwischen hatte er sich wieder beruhigt und fügte hinzu: «Ich werde Ihnen von meinem russischen Bildhauer ein Pferd anfertigen lassen. Ein riesiges, ganz aus Metall. Das wird sehr modern, sehr futuristisch aussehen, und es wird viel Erfolg haben.»

So begab sich «*Don Quichotte Flamenco*» auf eine lange, abenteuerliche Reise, die ihn von den Steinbrüchen in Lacoste über ein Dutzend Länder bis nach Syrien führte.

Für jede Projektpräsentation verfolgte ich eine jeweils eigene Strategie:

Für «*Le petit groom de chez Maxim's*», überzeugte ich Pierre Cardin davon, dass ein wöchentlicher Theaterabend im Maxim's die Besucherzahlen nur steigern könne.

Bei «*Audience – Vernissage – Pétition*» von Václav Havel lautete meine Begründung: «Dieser Dramatiker ist gerade auf der Durchreise in Paris, und ich würde ihn gerne treffen, er ist Präsident der Tschechischen Republik geworden.» (sic!)

Bei «*Parlez-moi d'amour au lit*» dachte ich an eine einzigartige, surrealistische Ausstattung (ein Bett) auf der Bühne eines weltberühmten Ortes (des Maxim's) mit Schauspielern in Pyjamas.

In «*Un Italien à Paris*» sollten die schönsten italienischen Lieder (die Pierre liebt) auf die größten französischen Chansons (die er auswendig kennt) in einem Musical à la Fellini aufeinandertreffen.

Für «*Viole d'amour*», das am Hof von Ludwig XIV. spielte und in dem es um zwei Zwillingsschwestern (die eine spielte Cembalo, die andere Gambe), eine spionierende Sängerin und einen alten Höfling und Erotomanen ging, und das alles vor dem Hintergrund der Rachegelüste hintergangener Frauen: «Ich liebe Barockmusik, ich finde sie sehr modern!» (sic!)

«*Les amants de l'amour – Brel-Piaf*» – dieses Thema konnte ihn nur begeistern: Ich wusste um seine Bewunderung für Jacques Brel, seine Leidenschaft für Édith Piaf, und so dachte ich mir eine Geschichte zwischen diesen beiden großen Sängern der Liebe aus. Damit traf ich eine schwache Stelle, obwohl er immer bestritt, ein glühender Anhänger der Liebe zu sein.

«*Feyd'O Fenbach*» erinnerte daran, dass Theater und Operette durch zwei historische Stammgäste des Restaurants eng miteinander verbunden sind.

«*Si on chantait l'amour*», weil die Liebe – ach die Liebe! – eines der wesentlichsten Anliegen in Pierres Leben war.

«*Ça swing chez Maxim's*», das die Zazous präsentierte – «Damals war ich der erste Zazou im Musikkabarett ‹*Le bœuf sur le toit*›!» (sic!)

«*La mariée de la tour Eiffel est folle*» stellte ich als augenzwinkernde Hommage an Jean Cocteau vor.

«*Le divin Marquis*» war speziell für die Aufführung in Pierre Cardins Schloss von Lacoste geplant, das einst im Besitz des Marquis de Sade war.

«*Le bœuf sur le toit*»: «Dort habe ich alles, was in Paris Rang und Namen hatte, getroffen, wissen Sie das?» (sic!)

«*Marlene Dietrich*», auf ausdrücklichen Wunsch von Pierre! «Von allen Frauen war sie diejenige, die mich am meisten gekostet hat. Aber ich habe sie bewundert! Sie war dreimal bei mir im Espace. Schreiben Sie ihre Geschichte, Sie wissen, wie man sie in Szene setzt.» (sic!) Die Show wurde übrigens auch in Miami, Las Vegas sowie – und das will was heißen – im erlauchten Teatro La Fenice in Venedig aufgeführt.

In «*Jacqueline Kennedy, la dame en rose*» verpackte ich das Leben der berühmtesten Frau der Welt in Musik und Lieder – «Mit ihr bin ich auf Onassis' Boot in die Ferien gefahren.» (sic!)

«*Toulouse-Lautrec chez Maxim's*» erzählte von der Rue Royale bis zum «*Lapin agile*» das in Musik gesetzte, abenteuerliche Leben eines Aristokraten, der nach Paris gekommen war, um die Frauen von Montmartre zu malen und sein Genie unter Beweis zu stellen (Toulouse-Lautrec war ein häufiger Gast im Maxim's).

Diese Verhandlungen wurden langsam zu einem Spiel zwischen uns, einem Spiel, das sich allmählich in Vertrauen und, wie ich später bemerkte, in echte Freundschaft verwandelte.

Les bourgeois

Pierre Cardin besitzt einen großen Teil von Port La Galère, einer Wohngegend an der Côte d'Azur in der Nähe von Cannes Mandelieu. Port La Galère, ein seltsamer Name für diese außergewöhnliche Siedlung, bevorzugter Aufenthaltsort einer reichen Bourgeoisie, die sich um einen kleinen, sehr privaten und sehr beliebten Hafen versammelt und ihre Ferien in guter Gesellschaft und unter idyllischen Bedingungen verbringen möchte, während sie gleichzeitig ihren Reichtum, ihren Komfort, ihre Sicherheit und möglicherweise auch ihre Boote geschützt sehen will. Jeden Sommer plätschert hier das Leben in aller Gemächlichkeit dahin, unter den scharfen Blicken achtsamer Wächter, die Nichtbesitzern den Zutritt verwehren.

Der Name Port La Galère erinnert wohl an einen traurigen Schiffbruch, an eine Zwangsrekrutierung für die königlichen Galeeren oder an eine heldenhafte Schlacht gegen die maurischen Piraten. Jedenfalls passt er kaum zu dieser Ansiedlung vermeintlich moderner Villen mit Blick aufs Meer und am Hang eines übrigens olivenbaumbestandenen Hügels gelegen, der zwischen zwei Felsvorsprüngen sanft zu einer ganz kleinen Bucht abfällt. Hier liegen um die zwanzig Jachten vor Anker, die zu den schönsten in der Bucht von Cannes gehören, mit ihren Rümpfen aus Mahagoni, ihren glänzenden Decks, den funkelnden Ruderhäusern und ihren in strahlendes Weiß gekleideten Matrosen, die stets bereit sind, für ein paar Großindustrielle, die das süße Nichtstun genießen, die Leinen loszumachen, wenn der Ruf des Meeres allzu laut ertönt (in der Regel nach dem Mittagsschläfchen).

Dieser von den Göttern gesegnete Ort nimmt die privilegierte Schicht unserer Gesellschaft auf, die hier Ruhe, Erholung, Harmonie und ein angenehmes Leben sucht, das sie nach all der Rauheit und den Zwängen ihres aufreibenden Pariser Lebens auch redlich verdient hat. Pierre setzt seinen Fuß nur selten hierher, er bevorzugt die Halbinsel, auf der sich sein eigenes Herrenhaus mit Blick über den Hafen erhebt. Manchmal jedoch geht er hinunter, um als Nachbar und Besitzer die zahlreichen Persönlichkeiten, die zur Erholung nach Port La Galère kommen, zu begrüßen. Ihm gehören alle Unternehmen im Hafen, das Restaurant, eine Prêt-à-porter-Boutique, eine Bootsgarage für den Unterhalt und die Reparatur der Boote, eine Wäscherei, ein Supermarkt und ein paar andere Geschäfte in der Nähe, die die gesamte Anlage versorgen, ganz zu schweigen von seinen Villen, die er durchreisenden Freunden oder Künstlern großzügig überlässt. Das Lebensmittelgeschäft, das ihm ebenfalls gehört, ist ein Ort von strategischer Bedeutung, denn es erspart den Anwohnern, in die einige Kilometer entfernte Stadt fahren zu müssen, um sich mit lebensnotwendigen Produkten (Kaviar, Trüffel, Champagner und Gänseleber) einzudecken. Gerne spaziert Pierre also manchmal durch Port La Galère, schüttelt im Vorbeigehen Hände, erteilt den Ladenbesitzern Ratschläge oder gibt eine Anekdote über eines seiner (zahlreichen) zukünftigen Projekte zum Besten. Des Öfteren trifft er dabei auf Monsieur Dassault, der zweimal am Tag seinen Hund Gassi führt. Bei dieser Gelegenheit grüßen sie sich natürlich höflich. Aber wenn Monsieur Dassault Pierre am Arm zurückhält und ein Gespräch beginnt, verwandelt dieses sich unweigerlich in ein Klagelied. Pierre liebt es, folgende Geschichte zu erzählen:

«Eines Tages begegne ich ihm in der Nähe des Lebensmittelgeschäftes, und sofort überfällt er mich mit seinem Lieblingsthema: dem Nachtklub. Als besonnener Industriekapitän wünscht Monsieur Dassault, dass das Leben unseres kleinen Seeortes harmonisch, ja perfekt und vorbildlich verläuft. Er duldet keine Geschmacksverirrungen und toleriert keinen Mangel an Ordnung und Organisation. Daher ist er ständig auf der Suche nach allerlei Verbesserungen und Umgestaltungen, die den Seelenfrieden und die Vortrefflichkeit des Ortes steigern sollen. Heute geht es um den Nachtklub ‹La Galère Space› am Ende der Mole, weit entfernt von den Villen. Er erklärt mir, dass seine Enkelkinder früh zu Bett gingen und es nicht infrage komme, sie mit dem ohrenbetäubenden Lärm zu belasten, der jeden Abend bis zwei Uhr morgens und länger durch die Siedlung dröhnte. Dieses Lokal habe nichts verloren an einem Ort, an dem man Ruhe und Erholung suche.

Um ihm eine Freude zu machen und seinen Klagen zu entkommen, beschließe ich daher, den besagten Nachtklub zu schließen und schenke ihn meinem russischen Hausmeister, damit er ihn in eine Bildhauerwerkstatt umwandelt.

Zwei Jahre später kommt Monsieur Dassault entschlossenen Schrittes auf mich zu und spricht mich erneut auf sein Lieblingsthema an: den Nachtklub. Ich versuche, seinen Klagen auszuweichen und sage ihm: ‹Aber, mein lieber Marcel, der Nachtklub ist doch seit Langem geschlossen!› – ‹Eben›, antwortet er mir, ‹für die jungen Leute, darunter auch meine inzwischen erwachsenen Enkelkinder gibt es hier nichts. Sie langweilen sich abends, sie brauchen unbedingt einen Ort, um sich etwas amüsieren zu können. Sie waren auch einmal jung, Pierre, Sie wissen doch, dass ein Ort wie dieser einen echten Nachtklub haben muss, um den Urlaub der jungen Leute aufzupeppen.›

Ich eröffne also den Nachtklub wieder!

Jahrelang musste ich ihm bei jeder unserer Begegnungen auf seine Bitten, Kritiken und Anregungen antworten: Das Geschäft verkauft keine Partagás-Zigarren, der Bildhauer macht tagsüber zu viel Lärm, die Boote laufen zu schnell in den Hafen ein, nachts ist keine Hafenbeleuchtung notwendig, die Croissants sind zu klein ... Und jedes Mal gab ich seinen Beschwerden nach. Aber eines Tages brachte ein Vorfall das Fass endgültig zum Überlaufen.

Das Wetter ist herrlich, das Meer spiegelglatt. Monsieur Dassault beschließt, in Begleitung seiner ganzen Familie zu einem Picknick aufs Meer hinauszufahren. Er kauft für die Exkursion Proviant ein, holt in meinem Lebensmittelgeschäft die fünf Hähnchen ab, die er am Vortag bestellt hat, und schifft sich trotz der Sonne, die schon hoch am Himmel steht, mit seinen Angehörigen nach Kythera ein – frei nach Watteau! Gegen fünf Uhr ist die Familie vollzählig und ordentlich gerötet vom Ausflug zurück und kehrt, erschöpft von ihrer Bootstour, durch die Gassen der Stadt heim in ihre Villa. Als ich Monsieur Dassault am nächsten Morgen in aller Frühe begegne, scheint er äußerst schlechter Laune zu sein. Sobald ich in seiner Reichweite bin, herrscht er mich an. Immer wieder taucht in seinem ansonsten ziemlich unverständlichen Redefluss das Wort ‹Hähnchen› auf. Nachdem ich einen Sturm verschiedenster Vorwürfe und Drohungen über mich habe ergehen lassen müssen, begreife ich schließlich den Grund für seine Wut: Während ihres Picknicks auf See hat seine Familie nur drei der fünf bestellten Hähnchen verzehrt, und die Lebensmittelhändlerin weigerte sich kategorisch, ihm das Geld für die beiden übrig gebliebenen zurückzuerstatten. Selbstverständlich zeige ich Mitgefühl angesichts dieses Mangels an Geschäftssinn, der seiner Meinung nach ganz eindeutig an Betrug grenzt, und sorge dafür, dass ihm der Preis für die beiden Hähnchen sofort zurückerstattet wird. Gleich am nächsten Tag lasse ich meine sämtlichen Geschäfte schließen: Boutiquen, Restaurant, Wäscherei, Supermarkt, Bootsgarage und natürlich das Lebensmittelgeschäft sowie den Nachtklub. Keine Geschäfte, keine Probleme mit Monsieur Dassault, keine Plagerei mehr!»

Caruso

Es ist zwei Uhr früh. Im Steinbruch von Lacoste beenden wir gerade die Probe von «*Feyd'O Fenbach*», dem neuen Stück, das in ein paar Tagen erstmals aufgeführt werden soll. Die Techniker kümmern sich noch um die Montage der letzten Beleuchtungskörper. Die Schauspieler und Tänzer dagegen haben sich nach Lust und Laune in alle Spalten, alle Schlupfwinkel, alle verborgenen Ecken des riesigen Steinbruchs zurückgezogen, in dem Pierre Cardin das Freilufttheater seines Festivals eingerichtet hat. Die neunhundert Plätze sind im Moment nicht besetzt, und der Mistral, der durch den Steinbruch weht und heult, verleiht der Szenerie etwas Übernatürliches und Gespenstisches. Von Böen umhergeschobene Stühle gleiten langsam wie über eine Startbahn, bereit zum Abflug hinein in die stürmische Wolkenmasse, die schnell wie ein galoppierendes Camargue-Pferd über den Himmel jagt. Die Lichtkegel der Beleuchtungsanlage streichen durch den Steinbruch, und es wirkt, als prallten sie vom Bühnenhintergrund, einer riesigen, in den Fels gehauenen Mauer, ab. Dem Ende der Probe scheint heute Abend das Ende der Welt vorausgehen zu wollen.

Am anderen Ende des Steinbruchs ertönt aus dem Dunkel das Klingeln eines Telefons. Ich überquere die Bühne, die übersät ist von Blättern und Ästen und Scheinwerfergerüsten, die Wind und Sturm heruntergerissen und umgestürzt haben, und greife nach dem Telefon.

«Hallo, ja? Ich höre Sie sehr schlecht. Wie? Monsieur Cardin will mit mir sprechen? Ich kann Sie nicht hören. Ich lege jetzt auf und rufe Sie gleich zurück.»

Ich renne los und flüchte mich in den Regieraum.

«Monsieur Cardin? Haben Sie mich angerufen?»

«Ah! Sind Sie es, Gérard? Also, ich bin in Stia, einer Gemeinde vierzig Kilometer vor Florenz. Wir werden hier in Florenz ein großes internationales Festival veranstalten. Das wird ein Riesenerfolg, sie werden aus der ganzen Welt hierher pilgern. Ich möchte, dass Sie morgen Abend bei der Premiere eines großartigen Balletts dabei sind, das wir im Theater des zukünftigen Festivals aufführen.»

«Aber Pierre, ich bin in Lacoste! Wir proben! Wie soll ich es denn anstellen, dass ich morgen dort bin?»

«Besorgen Sie sich für morgen früh in Paris einen Platz in einem Flug, und man wird Sie am Flughafen in Florenz abholen. Na dann, gute Reise. Ich erwarte Sie.»

Und er legt auf.

Fünf Minuten später ruft er noch einmal an. «Also, das Ballett findet doch schon heute Abend statt. Wie schade, dass Sie es nun doch nicht sehen können. Ja, schade, denn es wird wirklich schön. Aber das ist nicht weiter schlimm, kommen Sie trotzdem. Sie müssen sich dieses Stia unbedingt ansehen. Ein wunderschönes Dorf, ganz in der Nähe von Florenz. Das wird herrlich. Wissen Sie, Stia ist der Ort, wo ich die Quellen meines Wassers gekauft habe. Das Maxim's Water ist das gleiche Wasser, das schon Michelangelo, Leonardo da Vinci, Dante und Niccolò Machiavelli getrunken haben. Nun gut, ich lasse Sie zurückgehen zu Ihrer Probe. Bis morgen also. Und gute Reise!»

Die Fahrt ist anstrengend: die Nacht im Taxi, in aller Herrgottsfrühe den Zug in Avignon, weiter bis Roissy und nach zwei Stunden Flug endlich die Ankunft am Flughafen von Florenz. Als ich aus dem Flugzeug steige, sind viele Leute da, aber niemand, um mich abzuholen. Kein Wagen, keine Nachricht, nichts und niemand. Ich fühle mich also ein wenig einsam, verlassen, aufgeschmissen!

Nach einer halben Stunde vergeblicher Versuche, mich beim Informationsschalter zu erkundigen, beginne ich, ehrlich gesagt, zu verzweifeln, als plötzlich eine wiederholte Mikrofon-Durchsage meine Aufmerksamkeit erregt:

«Il signore Camera, il signore Camera è atteso alla porta B.»[8]

8   «Signore Camera, Signore Camera wird am Ausgang B erwartet.» (Anm. d. Ü.)

Il signore Camera? Trotz meiner mehr als elementaren Italienischkenntnisse klammere ich mich an diesen unverhofften Hinweis: *Camera,* das ist mein Name! Mein Name auf Italienisch! Chambre, Gérard Chambre! Ich stürze zum Ausgang B. Dort stehen zwei Gendarmen in Paradeuniform. Sie sprechen kein Wort Französisch, aber nach einem vagen Erklärungsversuch, als ich den Namen Pierre Cardin ausspreche, rufen Sie im Chor *«Cardino, sì! Cardino sì!»* und lassen mich auf der Stelle in ihren Dienstwagen einsteigen, worauf es mit heulender Sirene Richtung Stia geht.

Trotz Sirene und Blaulicht stehen wir in Florenz eine Stunde im Stau. Dann weiter auf der Straße nach Stia, wir jagen wie bei einer internationalen Rallye dahin und kommen in jeder Kurve gefährlich nahe an den Abgrund neben der Straße. Bisher dachte ich, die Toskana bestehe nur aus grünen Ebenen und sanften Hügeln mit malerischen Dörfern; in der Wirklichkeit folgen wir einer gewundenen, steilen Bergstraße, die eher den Gebirgsstraßen in Hochsavoyen als denen im sanften Chevreuse-Tal ähnelt. Meine beiden Gendarmen richten während der Fahrt kein Wort an mich, außer um alle zehn Minuten *«Siamo quasi arrivati»*[9] zu verkünden, was automatisch meinen italienischen Wortschatz erweitert.

Endlich erreichen wir das Ortsschild von Stia, nach genau zwei Stunden und zweiundfünfzig Minuten Fahrt.

Ich hatte zwar natürlich nicht damit gerechnet, dass ich mit der Blaskapelle, von jubelnden Dorfbewohnern und mit wehenden Frankreich-Fähnchen empfangen würde, aber der Platz vor dem Rathaus ist vollkommen leer und still – ja regelrecht ungastlich –, und ich schließe daraus, dass mich offensichtlich niemand erwartet.

Die beiden Gendarmen machen kehrt, und das, um nicht aus der Rolle zu fallen, weiterhin ohne ein Sterbenswort verlauten zu lassen. Sie haben ihre Aufgabe erfüllt und treten nun den Rückweg an. Und ich stehe allein auf dem verlassenen Platz, auf dem sich nicht einmal ein streunender Hund blicken lässt.

9 «Wir sind gleich da.» (Anm. d. Ü.)

Nach einer Weile bemerke ich eine ganz in Schwarz gekleidete alte Frau, die ihren Hund spazieren führt. Ich spreche sie in meinem gebrochenen Italienisch an: «*Dové é, le mayor de la citta?*»[10] Zu meiner großen Freude versteht sie mich. Und sie antwortet mir! «*Municipio*»[11], sagt sie und deutet auf ein schönes, mehrstöckiges, mittelalterliches Gebäude aus Sichtmauerwerk. Am Vordergiebel weht ein rot-weißes Banner, in dessen Mitte ein geflügeltes Pferd thront. Die Rathausflagge!

Ich begebe mich also in das Gebäude. Kaum bin ich über die Schwelle getreten und habe den Namen Pierre Cardin ausgesprochen, da erwachen Rathaus und Stadt jäh aus ihrer Lethargie. Die Türen der Büros werden lautstark aufgerissen und ein dienststeifriges Personal strömt heraus. Alle wollen sie mich begrüßen, mich willkommen heißen, «*Benvenuto! Benvenuto!*»[12] und mich zum Büro des Bürgermeisters begleiten, der mich ehrerbietig empfängt. Man stellt mir mehrere seiner Vizes vor, bietet mir einen Imbiss und ein Glas Prosecco an, überreicht mir ein Fähnchen der Stadt und erzählt mir halb auf Französisch, halb auf Italienisch die fesselnde Geschichte der Region. Ich bin mit einem Schlag die wichtigste Person in Stia!

Nach einer Stunde gegenseitiger Nettigkeiten und Höflichkeiten erkundige ich mich nach Monsieur Cardin. Aus der darauffolgenden Stille und den ausweichenden Blicken schließe ich auf eine gewisse Betretenheit ihrerseits, um nicht zu sagen eine kollektive Beschämung. Niemand weiß, wo er ist. Tatsächlich ist ihm seit seiner Ankunft in der Stadt niemand mehr begegnet.

Als letzten Ausweg schlage ich vor, an den Ort des Festivals zu gehen, in der Hoffnung, ihn dort zu finden. Zwei stellvertretende Bürgermeister begleiten mich bis zu einem Park, in dessen Mitte eine Art Pavillon mit einer großen Holzbühne steht, dessen Schindeldach zahlreichen Unwettern standgehalten haben muss, auch wenn einige der Schindeln verloren gegangen sind. Hinter der Bühne befinden sich kleine, verschiedenfarbig gestrichene

10 «Wo ist der Bürgermeister der Stadt?» (Anm. d. Ü.)
11 Rathaus (Anm. d. Ü.)
12 «Willkommen! Willkommen!» (Anm. d. Ü.)

und mit Musiknoten verzierte Kabinen, die den Musikern und Künstlern wahrscheinlich als Kulissen dienen. Ich bleibe etwa anderthalb Stunden und schlendere durch diese sympathische Kirmeskulisse. Um mein Gewissen angesichts meiner Untätigkeit zu beruhigen, knipse ich Fotos, während ich auf den Verschwundenen warte.

Schließlich schreitet Pierre durch die Hauptallee des Parks in Begleitung seines Fahrers, der eine Kiste voller Flaschen trägt.

«Ah, Gérard, da sind Sie ja! Wie finden Sie diesen Ort? Magisch, nicht? Natürlich gibt es noch einiges zu tun, aber bis zum Festival im nächsten Sommer wird alles fertig sein. Die Bühne muss verlegt werden. Wo soll sie Ihrer Meinung nach hin?»

Sofort weise ich auf eine Stelle zur Linken.

«Nein. Ich sehe sie eher auf der rechten Seite, wegen der Akustik. Na, wir werden sehen. Gut, nun müssen wir aber unverzüglich los, wenn wir heute Abend in Venedig sein wollen. Sie kommen natürlich mit. Wir sind in ungefähr vier Stunden dort. Und während der Fahrt unterhalten wir uns über alles. Auf gehts! Roberto, legen Sie die Flaschen in den Kofferraum, und *avanti*! Ich habe ein paar Flaschen meines Mineralwassers, Maxim's Water, mitgenommen, um es dem Bürgermeister von Venedig zum Probieren zu schenken. Er wird es lieben. Schauen Sie, ich habe die Flasche entworfen. Schön, nicht wahr? Sie wird weltweit einen Riesenerfolg haben auf den Tischen der großen Restaurants. Für den Moment wird es ausschließlich im Maxim's ausgeschenkt. Und los gehts!»

Pierre setzt sich neben seinen Fahrer.

«Ich steige vorne ein, ich kenne den Weg. Machen Sie es sich auf der Rückbank bequem. Sie werden sehen, es ist sehr angenehm, und wenn Sie mögen, können Sie sogar schlafen.»

Als wir losfahren, denke ich darüber nach, mit welcher unerschöpflichen Energie Pierre Cardin sich mit über neunzig Jahren immer noch in ausgefallene Abenteuer stürzt, ohne auch nur eine Sekunde an deren Erfolg zu zweifeln. Allerdings ist schon nicht mehr von seinem bevorstehenden Festival oder von unserer Stippvisite über das Gelände die Rede, denn er berichtet mir von seinem neuen Plan – seiner neuesten Idee –, jedenfalls so lange, bis die nächste auftaucht?

«Wir fahren nach Venedig. Sie kennen die Stadt natürlich. Ich treffe mich dort mit dem Bürgermeister, Giorgio Orsoni, einem langjährigen Freund, um meinem Projekt den letzten Schliff zu geben: meinem Lichtturm. Das wird eine echte Revolution in Venedig. Eine bewohnbare, 255 Meter hohe Skulptur in Form einer Blume, können Sie sich das vorstellen? Fünfundsechzig Stockwerke, ein Turm höher als die Campanile, 75 Fahrstühle. Eine richtige Stadt, mit zehn Kinos, fünf Theatern – ja, Sie werden dort auftreten –, fünfzehn Restaurants, einem Designmuseum, einer Modeuniversität, hochmodernen Sporteinrichtungen. Vier Hektar Hängegärten, fünf Luxushotels, 2500 Wohnungen …»

«Reservieren Sie mir eine davon, Pierre?»

«Das wird aber sehr teuer.»

«Dann also nur eine kleine Einzimmerwohnung.»

«Aber nein. Sie werden dort, wann immer Sie wollen, eine Ihrer Shows aufführen, und ich werde Sie in meinen Turm einladen. Die gesamte Presse redet schon von meinem Projekt. Man schreibt in allen Zeitungen der Welt darüber. Alle wollen sie den Turm, und alle wollen den gleichen: die Chinesen, die Brasilianer, die Japaner. Nur Paris will keinen.»

«Und warum nicht?»

«Ich hätte ihn schon gerne in Paris gesehen, aber wo soll man dort mitten im Zentrum fünfzig Hektar finden? Das ist unmöglich. In Venedig dagegen … Und außerdem bin ich Venezianer, vergessen Sie das nicht. Ich bin es mir schuldig, Venedig ein Monument für die Ewigkeit zu schenken.»

Es folgt ein langes Schweigen, bevor ich es wage, ein heikles Thema anzuschneiden.

«Glauben Sie nicht, dass viele Venezianer es skandalös finden werden?»

«Ach, wissen Sie, das ist überhaupt nicht von Bedeutung, daran bin ich gewöhnt. Das Wesentliche im Leben besteht nicht darin, zu wissen, ob man recht oder unrecht hat. Die anderen davon abzuhalten, sich in unsere Träume einzumischen, nur das zählt. So einfach ist das. Glauben Sie, dass jeder einverstanden war, als man den Eiffelturm baute? Ich habe doch das Recht, mit meinem Geld zu tun, was ich will, oder etwa nicht? Immerhin habe ich es verdient! Das Projekt wird zweieinhalb Milliarden kosten. Na, und? Man wirft mir vor, mein Vermögen zu verprassen. Unwichtig! Geld ist dazu da, dass man es ausgibt. Und verdient habe schließlich ich es. Ich, Pierre Cardin! Ohne Pierre Cardin wird nichts mehr existieren. Was werden sie mit meinem Geld schon machen? Nichts. Der Bau des Lichtturmes wird der Höhepunkt meiner schöpferischen Laufbahn. Er ist mein letztes Projekt. Für den Moment. Ich mag unsterblich sein, trotzdem komme ich in ein fortgeschrittenes Alter.»

Rechts und links der Straße flieht die Landschaft an unserem Wagen vorbei. Pierre schlummert vor sich hin. Plötzlich schlägt er die Augen wieder auf.

«Auf jeden Fall habe ich die Zustimmung des Bürgermeisters und des Stadtrates. Ich werde eine Baustelle eröffnen, auf der 5000 Personen arbeiten werden. Können Sie sich das vorstellen, fünf Jahre lang, in dieser Krisenzeit? Glauben Sie wirklich, dass Italien darauf verzichten kann? Ich habe mit dem Präsidenten der Republik gesprochen, und er hat es begriffen. Roberto, halten Sie an der nächsten Tankstelle, ich verspüre einen kleinen Hunger.»

Nachdem wir schnell im Stehen eine Kleinigkeit gegessen haben, fahren wir wieder los, und fast augenblicklich schläft Pierre tief ein, mit einem Lächeln auf den Lippen. Was mag ein Mann träumen, der von seinen Träumen lebt?

Für einen kurzen Moment hebt er den Kopf.

«Roberto, vergessen Sie nicht, mich zu wecken, wenn Venedig in Sichtweite kommt.»

«Siamo quasi arrivati!» kommt mir da in den Sinn.

L'Italiano

Gerade in dem Augenblick, da der Wagen die Vororte von Venedig erreicht, wacht Pierre auf. «Roberto, nehmen Sie die zweite Straße links, und biegen Sie dann in die kleine Gasse rechts ein. So kommen wir schneller zu dem Parkhaus, wo wir das Auto abstellen können, um ein Boot zu nehmen. Sie wissen ja, ich kenne Venedig in- und auswendig. Es ist meine Stadt, ich bin Venezianer, also hören Sie auf mich, und tun Sie, was ich Ihnen sage.»

«Haben Sie sich etwas ausgeruht, Pierre?»

«Voll und ganz. Ich bin topfit. Ich habe eine unglaubliche Fähigkeit, mich zu erholen. Ein kleiner Minutenschlaf, und es ist, als hätte ich die ganze Nacht durchgeschlafen. Ich glaube, mein Körper hat das während all meiner Reisen gelernt. Ich bin so viel gereist! Ich war praktisch in jedem Land der Welt, ich kenne alle Flughäfen, alle Botschaften und sogar alle Konsulate. Waren Sie mit dabei, Gérard, als wir in Japan waren?»

«Aber ja doch, Pierre. Das war sogar eine meiner ersten Reisen mit Ihnen. Ich war gerade erst zur Truppe der männlichen Models gestoßen: Gilles, Jean-Louis, Peter und Jimmy.»

«Was war das damals doch für eine Reise bis nach Japan, erinnern Sie sich noch, Gérard! Man musste über den Nordpol fliegen, mit Zwischenstopp in Anchorage. Anchorage! Von allen Flughäfen meiner Reisen hat Anchorage mich am meisten beeindruckt. Das Flugzeug landete auf einer verschneiten Piste und schien lautlos darüberzugleiten, bis zum Terminal. Dort gingen wir von Bord und gelangten in etwas, das aussah wie eine echte Raumstation oder wie eine futuristische Stadt mitten im Schnee, in der Flüge aus allen Ländern der Welt landeten. Ein langer Gang führte zu einem unglaublichen Duty-free-Shop. Man begegnete dort seltsamen Leuten wie von einem anderen Planeten. Während des Aufenthaltes stürzten sich die einen in die Restaurants, die anderen ins Kino oder in die Spielhallen. Und erst die Geschäfte! Einfach fantastisch! Es wurden darin die ungewöhnlichsten Dinge verkauft, importiert von allen Kontinenten. Dort haben wir unser Starmodel, Olivia, aus den Augen verloren. Erinnern Sie sich noch daran? Sie wollte eine Languste kaufen – eine lebende Languste! Sie wusste, wo man dort welche bekam. Darüber vergaß sie ganz die Zeit und verpasste den Anschlussflug. Wir haben Sie erst zwei Tage später in Tokio wieder gesehen, mitsamt ihrer Languste, am Tag vor der ersten Modenschau für Takashimaya! So, Roberto, hier ist es. Parken Sie im Parkhaus.»

Wir brauchen eine gute Viertelstunde zu Fuß, bevor wir eines der luxuriösen venezianischen Wassertaxis nehmen können, ganz aus Mahagoni, so schick und elegant!

Und auf zu Casanovas Palast, der sich im Besitz von Monsieur Cardin befindet.

Es ist ein wahrer Genuss, an der Seite von Pierre Cardin auf dem Canal Grande zu fahren: Es gibt keinen Palast, keine Kirche, keine Skulptur, kein Museum, die er nicht kennt, nicht leidenschaftlich kommentiert. So schippern wir zwischen anderen Booten durch ein Labyrinth kleiner Kanäle, bis wir schließlich auf der Höhe des Palazzo Bragadin Carabba, des ehemaligen Wohnsitzes von Casanova, ankommen.

Wir steigen eine beeindruckende Marmortreppe hinauf, betreten den Ehrensaal, der wie alle anderen Häuser von Pierre Cardin mit einer subtilen Mischung aus antiken Möbeln und Designerstücken gefüllt ist, wobei Letztere von Pierre selbst entworfen wurden.

«Da sind wir! Willkommen in meinem Palast! Wie finden Sie ihn? Erstaunlich, nicht? Ist Ihnen klar, dass ich sowohl das Schloss des Marquis de Sade als auch den Palast von Giacomo Casanova besitze, also die Wohnstätten der beiden größten Frauenhelden der Geschichte? Und das, obwohl ich mich nicht einmal sonderlich zu Frauen hingezogen fühle, das ist doch der Gipfel, oder? Ah, die Frauen! Ich liebe sie! Mein ganzes Leben lang habe ich ihre Schönheit geehrt, sie mit meinen Kreationen begleitet, ihnen einen wichtigeren Platz in unserer Welt gegeben und ihnen zu einem besseren Leben in unserer Gesellschaft verholfen ...»

Und mit einem schelmischen Lächeln auf den Lippen fügt er hinzu:

«Tatsächlich könnte man sagen, dass ich einer der ersten Verfechter des Feminismus bin. Aus Überzeugung und mit Engagement. Ich habe viel getan, um die Frauen zu befreien. Ich habe sie geliebt, und dafür haben sie mich belohnt. Kommen Sie, Gérard, ich zeige Ihnen Ihre Gemächer.»

Im oberen Stockwerk stoßen wir eine prachtvolle Tür aus Palisander auf und gelangen in ein Schlafzimmer, in dessen Mitte sich das unvermeidliche Bett mit einem Seidenbaldachin in bezauberndem Veroneser Grün befindet. In einer Ecke des Raumes steht ein kleiner Altar, als sollte dort gleich ein Gottesdienst abgehalten werden.

«Dieses Zimmer heißt ‹Der Alkoven der eleganten Damen›. Giacomo schreibt davon in seinen Memoiren. Hier hat er geschlafen und anderes getan, wie Sie unschwer erahnen. Sie werden sich hier wohlfühlen. Falls Sie heute Nacht sonderbare Träume haben sollten, können Sie morgen früh gleich hier am Altar um Vergebung bitten. Gut. Es ist sieben Uhr, ich nehme an, Sie haben Lust, etwas durch Venedig zu spazieren. Ich werde mich ein wenig ausruhen. Um neun treffen wir uns zum Abendessen. Ich weiß noch nicht genau, wo, ich rufe Sie dann auf Ihrem Mobiltelefon an. Viel Vergnügen beim Spaziergang!»

Ein solches Glück hätte ich nicht zu erwarten gewagt: Ich habe zwei Stunden, um mich in der Betrachtung der Lagunenstadt zu verlieren ... Und verlieren, drin verlaufen, tue ich mich tatsächlich!

Von stillen Gassen zu kleinen Plätzen, von schmalen Brücken zu geheimen Treppen, von schattigen Höfen zu dunklen Gängen, in diesem hypnotischen Labyrinth kommt mir bald jeder Orientierungssinn abhanden. Es ist halb elf, und die Nacht längst hereingebrochen, als ich mich am Fuße des berühmten Reiterstandbilds des Condottiere Bartolomeo Colleoni auf dem Campo SS. Giovanni e Paolo wiederfinde. Ich habe das Abendessen völlig vergessen, und Pierre sicher auch. Aber da klingelt mein Telefon. Ich erkenne die Stimme seines Fahrers Roberto.

«Ich gebe Ihnen Monsieur Cardin.»

«Hallo, Gérard? Wo stecken Sie? Ich erwarte Sie in zwanzig Minuten auf dem Campiello de la Pescaria zum Abendessen im Ristorante Al Covo. Sie werden sehen, dort isst man ganz ausgezeichnet. Es liegt gleich an der Ecke des Platzes.»

«Aber Pierre, ich habe mich verlaufen. Campo SS. Giovanni e Paolo, mehr weiß ich nicht.»

Es folgt eine mühsame und komplizierte Wegbeschreibung, bei der ich mir nicht sicher bin, ob ich sie richtig verstanden habe. Aber in Venedig geschehen Wunder, vor allem nachts, und so gelange ich eine halbe Stunde später zum vereinbarten Treffpunkt, ohne auch nur im Geringsten Pierres Erklärungen befolgt zu haben. Das Al Covo entdecke ich sehr schnell, ein charmantes kleines Restaurant in einer Ecke dieses winzigen Platzes nahe dem Kanal.

Sobald ich den Namen Pierre Cardin ausgesprochen habe, eilen die Kellner herbei, um mir entweder ein Glas Valpolicella oder die berühmten venezianischen *Cicchetti* zu bringen: *polpette, crostini, sarde marinate, polipetti, musetto, peoci al forno* … Die Antipasti erscheinen eines nach dem anderen auf meinem Tisch, um mir die Wartezeit zu verkürzen.

Als Pierre schließlich eine halbe Stunde später eintrifft, empfängt ihn allgemeiner Applaus. Er setzt sich und bedenkt mich mit einem «*Siamo arrivati*». Ohne dass er darum bitten müsste, wird ihm der Aperitif serviert, der offensichtlich seinen Gewohnheiten entspricht: ein großes Glas Prosecco.

«Lassen Sie uns bitte anfangen. Ich bin am Verhungern!»

Pierre, der im Alltag und bei mondänen Abendessen die Eleganz in Person ist, futtert, wenn es um die italienische Küche geht, wie ein Scheunendrescher. Mit seiner Esslust und seinem grenzenlosen Appetit stürzt er sich förmlich auf das Essen, von dem er reichlich bestellt. Mit kaum verhohlener Freude und großem Vergnügen macht er aus diesem Schlemmeranlass einen festlichen, gemeinsamen Augenblick: *Calamari e Zucchine* und *Seppioline* als Vorspeise, gefolgt von *Lasagnette al nero di seppia* und *Scampi alla busara*, dann *Baccalà mantecato, Fegato alla veneziana* und *Spaghetti alle vongole* sowie zum Abschluss *Tiramisù, Bussolai* und eine *Pinsa veneziana*.

Während die Gerichte vom Wirt, der Pierres kulinarische Vorlieben kennt, höchstpersönlich serviert werden, führt Pierre eine regelrechte Commedia dell'arte auf und verwandelt sich nacheinander in Giacomo Casanova, den Marquis de Sade, Igor Strawinsky und Rudolf Nurejew, rezitiert Gedichte von Jean Cocteau, «Il restera de toi / Ce que tu as donné. / Au lieu de le garder dans des coffres rouillés : / Il restera de toi, de ton jardin secret, / Une fleur oubliée qui ne s'est pas fanée»[13], summt ganze Strophen von «*Bugiardo e incosciente*» von Mina, die er so sehr liebt, oder auch Jean Marais' Zeilen aus «*Die Schöne und das Biest*». Es ist sein eigenes Festival!

Mit seinen starken Händen eines Landmannes – wie er immer wieder gerne betont – zieht er die Teller und Schüsseln zu sich heran, um genüsslich daraus zu schöpfen. Mit aufgeknöpfter Jacke und gelockerter Krawatte verschlingt er gierig alles Essen, das in seiner Reichweite ist. Nichts scheint seinen unbändigen Appetit zügeln zu können, nicht einmal die immer zahlreicheren Flecken auf seinem Hemd. Am Ende dieses überaus opulenten Abendessens schlürft er beim Dessert – oder besser: den Desserts! – ruhig ein paar Gläser Limoncello und findet nach und nach zu seinem Stil, seiner Vornehmheit, seiner Klasse und seiner Eleganz zurück, die ihm so eigen sind.

«Ich komme selten in dieses Ristorante, aber ich liebe es. Sie sind wunderbar hier. Die Küche ist außergewöhnlich und der Empfang so herzlich. Aber es wird Zeit zurückzukehren. Morgen habe ich eine Verabredung mit dem Bürgermeister von Venedig, um den Vertrag für meinen Lichtturm zu unterzeichnen, da muss ich pünktlich sein! Anschließend sehen wir zwei uns am Flughafen für den Flug um ein Viertel nach eins. Mein Gott, es ist schon halb zwei, wir müssen schlafen gehen!»

---

13 «Es wird von dir bleiben / was du gegeben hast. / Anstatt es in rostigen Kisten aufzubewahren: / Es wird von dir bleiben, von deinem geheimen Garten / eine vergessene Blume, die nicht verwelkt ist.» (Anm. d. Ü.)

Am Tag darauf treffe ich am Flughafen auf einen 92-jährigen Pierre, der von der Hektik der letzten Tage alles andere als ermüdet ist (die Reise im Wagen von Florenz nach Venedig, der Abend im Restaurant, das Meeting mit dem Bürgermeister), ganz im Gegenteil, er ist offenbar in Hochform und wartet geduldig in der Schlange auf den Flug nach Paris.

Als ich an Bord gehe, frage ich den Chefsteward diskret, ob es möglich wäre, Pierre an einen besseren Platz zu setzen. Doch als der Kabinenchef kurz nach dem Start kommt und es uns anbietet, lehnt Pierre entschieden ab, obwohl er eingezwängt im hinteren Teil des Flugzeugs sitzt. Er weiß nicht, dass ich die Initiative zu diesem Manöver ergriffen habe, und vertraut mir an:

«Ich sehe überhaupt nicht ein, warum ich bevorzugt behandelt werden sollte. Ich bin zwar Pierre Cardin und habe schon tausendmal das Flugzeug genommen, aber das ist kein Grund.» Er döst schnell ein, und als er eine Viertelstunde später wieder erwacht, vertieft er sich in den Fahrplan der SNCF.

«Was tun Sie da, Pierre?»

«Ich schaue nach, ob wir bei unserer Ankunft einen Zug nach Lacoste nehmen können. Ich muss heute Abend mit dem Präfekten zu Abend essen, es ist sehr wichtig.»

Zwei Tage mit Pierre Cardin auf Reisen ... aufregend, aber anstrengend.

J'ai la mémoire qui flanche

Die Maison Cardin ist schon eine Weile geschlossen, aber ich muss für die Aufführung am nächsten Tag ein Kostüm abholen, das ich in den Ateliers vergessen habe. Um 21 Uhr 32 klingle ich also an der Tür in der Avenue de Marigny 27. Um 21 Uhr 35 öffnet mir der Hausmeister, der mich gut kennt, ohne Fragen zu stellen. Ich versichere ihm, dass ich nicht lange brauche, eine Viertelstunde allerhöchstens.

In großen Sprüngen eile ich die Treppe hoch, und im dritten Stock stürze ich mich buchstäblich ins Depot, auf der Suche nach meinem Bühnenkostüm. In diesem riesigen Raum wird die gesamte Herrenmode von den 1960er-Jahren bis heute gelagert, über eintausend Anzüge! Die Höhle des Ali Baba, ein Wunderpalast, ein surrealistisches Museum. An einem unsichtbaren Faden im leeren Raum hängend und die Blitzlichter Hunderter Fotoapparate erheischend, schaukeln all die außergewöhnlichen, ikonischen Kleidungsstücke sanft hin und her, in der unrealistischen Erwartung eines neuen Lebens, einer Wiedergeburt, einer Auferstehung vor den Augen der Pariser Prominenz: rot gestreifte Jacketts, Pelzmäntel in Orange und Blau, «Cosmocorps» aus Latex, mit glitzernden Pailletten besetzte Smokings, bunte Anzüge aus Wildseide, Gehröcke aus Vinyl. Wie erstarrt betrachte ich die unbewegte Modenschau des kreativen und wagemutigen Schöpfergeistes von Pierre Cardin, wie sie für alle Ewigkeit der Zeit schwebt.

Versunken in meine Träumerei, lasse ich meine Hand über die Kleidungsstücke gleiten, die unter meiner Berührung zu erwachen scheinen, um mir ihre Geschichten zu erzählen. Ich kann nicht anders, ich muss eines davon anprobieren. Gerade als ich in einen olivgrünen Kamelhaarblouson aus Acrylfaser schlüpfen will, höre ich über meinem Kopf Schritte. Wagen die Gespenster etwa, im großen Atelier im obersten Stock ordentlich zu feiern? Tagsüber haben nur die Arbeiterinnen und ersten Näherinnen des Hauses Cardin das Recht, diese heilige Stätte zu betreten, um unter den Augen des Meisters die Stücke für seine Kollektionen zusammenzutragen. Ich schleiche mich ins obere Stockwerk. Zu meiner großen Überraschung erblicke ich Pierre im Halbdunkel, wie er an seinem Arbeitstisch steht und ein kleines Stück Stoff ausschneidet, das er mit Nadeln an ein noch nicht fertiges Kostüm feststecken will! Er dreht sich langsam um, die Schere noch in der Hand. Meine Gegenwart scheint ihn nicht zu überraschen.

«Na, Gérard, was tun Sie denn hier?»

«Und Sie, Pierre? Es ist schon sehr spät.»

«Spät? Es ist nie zu spät, na hören Sie mal! Nun, wie Sie sehen, ich arbeite. Zum Arbeiten ist es nie zu spät. Das habe ich mein ganzes Leben lang getan, und ich werde mich nicht ändern, nur weil ich die neunzig überschritten habe! Ich bereite die nächste Kollektion vor. Was wollen Sie, ich habe nie aufgehört zu arbeiten, ich habe nie auch nur einen Tag Ferien genommen, und ich werde auch jetzt nicht damit anfangen. Es ist ja auch ganz einfach: Wenn ich nicht arbeite, langweile ich mich.»

«Das ist doch seltsam, all Ihre Büros sind geschlossen, Ihre Angestellten sind schon lange nach Hause gegangen, und Sie sind ganz allein im Atelier...»

«Aber ich bin nie allein, nie! Wirkliche Einsamkeit kenne ich nicht, ich bin mitten in der Welt allein! Und durch meine Kreationen erzähle ich der Welt von mir. Ich kenne die ganze Welt, aber die Welt kennt mich nicht. Sie glaubt, mich zu kennen. Sie kennt die Figur, die mich berühmt gemacht hat, aber die bin nicht ich. Ich habe mich stets hinter einer Figur verborgen, einer Persönlichkeit, die ich mir gemacht, die ich mir geschaffen habe – mein Mythos. Während mein wahres Ich, so es denn existiert, in meinen Kreationen steckt. Meine Kreationen sind die Geheimnisse meines wahren Ichs. Ich habe mein Leben durch meine Kreationen geschrieben, wie ich ein Buch hätte schreiben können. Deswegen braucht man im Übrigen über mich auch kein Buch zu schreiben. Aber gut, ich war hier eben fast fertig, als Sie hereinkamen, lassen Sie uns zusammen essen gehen. Ins

‹Bœuf sur le toit› in der Rue du Colisée. Zu Fuß, es ist ja gleich nebenan.»

Wir sitzen nun also in diesem angesagten Restaurant, in dem die «Großen von heute» zu Gast sind, die die Nachfolge der «Großen von gestern» angetreten haben (Jean Cocteau, Paul Éluard, Christian Bérard, die Groupe des Six, Pablo Picasso, Sergei Diaghilew, Igor Strawinsky und Erik Satie, um nur einige zu nennen).

«Hier im ‹Bœuf sur le toit› war meine ganze Truppe, oder vielmehr die von Cocteau, Stammgast. Das *Bœuf* war das angesagteste Lokal überhaupt. Alles, was damals in Paris Rang und Namen hatte, traf sich hier Abend für Abend, um einen draufzumachen. Ich war vierundzwanzig, und seit Cocteau und Christian Bérard mich für die Kostüme von «*Die Schöne und das Biest*» engagiert hatten, wich ich ihnen nicht mehr von der Seite. Jeden Tag Party, Jazz und klassische Musik, aus Brasilien, Mexiko, von der Groupe des Six unter der Leitung von Cocteau, der dabei alles gab. Ich erinnere mich noch, wie er mit einer entfesselten Jazzgruppe Schlagzeug spielte. Improvisation pur. Vom Namen des Restaurants stammt übrigens auch der Ausdruck «*faire un bœuf*»[14]. Cocteau übte einen unwiderstehlichen Reiz auf mich aus. Ich war sein Schüler geworden, schrieb mir jedes seiner Worte auf, kannte seine Gedichte auswendig, ich kleidete mich wie er, aß und trank wie er. Sein Werk war für mich eine echte Quelle der Inspiration, und schon damals versuchte ich, in meine Arbeit seine Welt einzubeziehen. Ich nahm an seinen verrücktesten Inszenierungen teil: ‹*Les mariés de la tour Eiffel*›, ‹*Parade*› mit Musik von Satie und einem Bühnenbild von Picasso, ‹*Le bel indifférent*›, das er für seine Freundin Édith Piaf geschrieben hatte, ‹*La voix humaine*› etc. Und ich entwarf die Kostüme. Ich liebte seine Gedichte, seine Fantasie.»

Mit tränenerstickter Stimme beginnt Pierre zu rezitieren: «‹*Je n'aime pas dormir quand ta figure habite, / La nuit, contre mon cou; / Car je pense à la mort laquelle vient trop vite, / Nous*

---

14 «Eine Jamsession veranstalten» (Anm. d. Ü.)

endormir beaucoup. / Je mourrai, tu vivras et c'est ce qui m'éveille! / Est-il une autre peur? / Un jour ne plus entendre auprès de mon oreille / Ton haleine et ton cœur.›[15] Das ist aus ‹*Plain-chant*›, ich kenne es auswendig.»

«Pierre, Sie haben ein unglaubliches Gedächtnis!»

«Er sprach in seinen Gedichten oft vom Tod, von ‹diesem Gang durch den Spiegel›, wie er es nannte. Er hatte eine ganz besondere Sicht auf den Tod. Ein wenig wie ich im Übrigen. Ich weiß, dass ich nicht unsterblich bin – niemand ist unsterblich –, aber ich habe keine Angst vor dem Tod. Angst habe ich nur vor dem Tod der anderen, dem Tod derer, die ich liebe. Aber lassen wir das. Erzählen Sie mir etwas von Ihren Projekten, Gérard. Ich habe Ihre Aufführung über Jacques Brel gesehen und sie sehr geschätzt, das war ausgesprochen schön. Mir kam dann eine Idee, über die ich mit Ihnen reden wollte. Ich würde Sie gerne nach China mitnehmen und mit Ihnen eine große Show in Peking auf die Beine stellen. Aber in China kennt man die französischen Sänger nicht, sodass man eine komplette Show mit Musik, Liedern und Ballett ins Auge fassen müsste. Im Übrigen habe ich schon Tänzer der Pekinger Oper engagiert. Die sind klasse. Sie, Gérard, werden nun Folgendes tun: Schicken Sie denen eine Aufnahme Ihrer Show mit Ihren Liedern, damit sie eine Choreografie dazu entwerfen. Wenn dann alles bereit ist, reisen Sie und Ihre Musiker nach Peking und proben zusammen mit den chinesischen Tänzern. Die Show wird in einem der größten Theater Pekings stattfinden. Wissen Sie, ich bin dort sehr bekannt. Ich bin als einer der Ersten nach China gegangen. Die können mir nichts abschlagen! Ich hatte noch vor allen anderen begriffen, dass China soeben erwachte. Meine Mode überraschte die Menschen dort, sie gefiel ihnen sehr. Das war für sie wie eine Offenbarung der modernen Welt, einer Welt, von der sie träumten und

---

15 «Ich mag nicht schlafen, wenn dein Gesicht / Sich nachts an meinen Hals schmiegt; / Denn ich denke an den Tod, der zu schnell kommt, / Und uns tief schlafen lässt. / Ich werde sterben, du wirst leben, und das hält mich wach! / Gibt es noch eine andere Angst? / Eines Tages höre ich neben meinem Ohr nicht mehr / Deinen Atem und dein Herz.» (Anm. d. Ü.)

der sie sich schnell zuwandten. Und was ist heute? Ich werde Ihre Show produzieren, und Sie werden damit in China auf Tournee gehen. Gut, wollen wir jetzt bestellen? Was haben Sie gewählt? Ich habe einen Bärenhunger.»

Nuits de Chine

Das chinesische Abenteuer begann.

China war in der großen Öffentlichkeit noch nicht sehr medienwirksam vertreten. In den Köpfen der Menschen war das Reich der Mitte nicht industrialisiert, nicht fortschrittlich oder bedrohlich und schon gar nicht ein Land, das eroberte, man hielt China eher für ein Dornröschen, das eben erst seine revolutionäre Epoche hinter sich gelassen hatte. Seine Wirtschaftslage war noch unsicher, wodurch es ein Entwicklungsland blieb. Niemand konnte sich damals vorstellen, dass China einmal die größte Wirtschaftsmacht der Welt sein würde. Zu der Zeit reisten nur eine Handvoll Diplomaten und abenteuerlustige Touristen dorthin, und niemand dachte daran, mit dem kommunistischen China Handel zu treiben. Ein Mann aber glaubte an das Land. Pierre Cardin hatte dort 1978 still und leise Fuß gefasst und arbeitete nun schon seit zehn Jahren erfolgreich daran, die Textilindustrie Chinas auf den Weg der internationalen Mode zu führen: erste Modenschau in der Kaiserstadt 1979, zwei Jahre später Eröffnung des Restaurants Maxim's sowie der ersten französischen Bäckerei Chinas ... Zur allgemeinen Überraschung wurden all diese verrückten Neuerungen von Erfolg gekrönt. Der Ruf Pierre Cardins verbreitete sich im Reich der Mitte so rasch, dass er von Präsident Deng Xiaoping zum Ehrenbürger der Stadt Peking ernannt wurde.

Als wir aus dem Flugzeug steigen, glauben meine Musiker und ich, ein armes, fremdartiges und geheimnisvolles Land zu entdecken. Ein Abenteuer eben! Wie in einem Film von Jackie Chan erwartet uns am Ausgang des internationalen Flughafens von Peking-Daxing ein Taxi mit laufendem Motor. In aller Eile lädt der Fahrer unser Gepäck wortlos in den Wagen, bevor er uns im Eiltempo durch die Stadt fährt. Er setzt uns vor einem Hotel ab, das einem Casino aus den Dreißigerjahren zum Verwechseln ähnlich sieht: das *Lu Song Yuan Hotel.* Aus zwei riesigen Lautsprechern zu beiden Seiten der Eingangstür dröhnt in voller Lautstärke traditionelle Musik, die das ganze Viertel erfüllt, ohne dass sich jemand auch nur im Geringsten daran zu stören scheint. Wir sind im Arbeiterviertel Dongcheng, wo sich das Tanzstudio der *Beijing Modern Dance Company* befindet.

Der Zeitunterschied und die beiden Lautsprecher, die die ganze Nacht über wummern, haben uns ein wenig zugesetzt, sodass wir ziemlich angeschlagen sind, als wir am nächsten Morgen abgeholt und zum Proberaum gebracht werden. Unser Begleiter spricht kein Wort, während er uns durch das Gewirr aus engen Gassen (den berühmten Pekinger Hutongs) geleitet, ein wahres Labyrinth aus roten Backsteinhäuschen, von denen einige eingestürzt sind, die meisten keine Fenster haben und fast alle an der Fassade ein groß aufgemaltes Schriftzeichen tragen, das offensichtlich «Abzureißen!» bedeutet. Und abgerissen wird so einiges! Sogar ganze Viertel verschwinden, denn in ein paar Monaten sollen hier die Olympischen Spiele stattfinden. Wir bleiben unserem stummen Führer dicht auf den Fersen, während wir uns eine gute halbe Stunde lang einen Weg durch Tiere, Kinder, kleine Märkte und mit Hühnern oder Schweinen beladene Fahrräder bahnen. Die Bevölkerung, die uns lächelnd und aufmerksam betrachtet, grüßt uns im Vorbeigehen. Wir versuchen, mit ein paar Freundlichkeiten zu antworten, aber unsere ungeschickten Bemühungen scheitern daran, dass wir die lautmalerischen Worte nicht verstehen, was auf beiden Seiten schallendes Gelächter auslöst. Schließlich erreichen wir das Tanzstudio.

Im krassen Unterschied zur Einfachheit und Armut des Viertels erstrahlt das Studio in seiner ganzen Modernität und Abgeklärtheit.

In einem Raum liegen fünf Tänzerinnen und vier Tänzer auf dem Boden und absolvieren verschiedene Dehn-, Kontorsions-, Rhythmus-, Gleit- und Vibrationsübungen nach einer Art extrem langsamer Choreografie, die offenbar zur völligen Entspannung des Körpers führt.

Darauf bedacht, sie nicht zu stören, bewunderten wir aufrichtig die Anmut dieser Arbeit von den Zuschauerrängen aus. Nachdem die Tänzerinnen und Tänzer ihre Übungen beendet haben, duschen sie und ziehen sich um, dann verlassen sie den Saal, ohne sich auch nur im Geringsten um uns zu bekümmern. Diese Schroffheit gedenken sie anscheinend auch in den drei folgenden Tagen nicht abzulegen.

Die Proben sind folgendermaßen über den Tag verteilt: Tanz am Morgen, Musik und Gesang am Nachmittag. Trotz mehrfacher Versuche unsererseits bleibt ein Kontakt zu den Tänzern der *Beijing Modern Dance Company* weitgehend unmöglich. Beide Truppen arbeiten jeweils für sich.

Keine der Choreografien, die die Tänzer einstudieren, hat auch nur im Geringsten etwas mit dem Thema der entsprechenden Lieder zu tun: «*Les bourgeois*» hat nun etwas Hip-Hop-Artiges, «*Ne me quitte pas*» ist eher funky, «*Ces gens-là*» sehr swinging, und «*Amsterdam*» ähnelt den Tanzexperimenten von Merce Cunningham. Unter diesen Bedingungen ist es keineswegs sicher, dass Tänze und Lieder ein stimmiges Ganzes ergeben werden.

Nach drei Tagen informiert mich die Verantwortliche für die Tanztruppe, die ein wenig Englisch spricht, über die für den nächsten Tag geplante Ankunft von Monsieur Cardin. Er soll uns gegen siebzehn Uhr im Großen Nationaltheater treffen.

Sein Auftritt im großen Saal ist spektakulär. Umringt von Fotografen, Sonderberichterstattern und Korrespondenten gleich mehrerer Fernsehsender, muss Pierre, bevor er sich zu uns auf die Bühne gesellt, zahlreichen Bitten um einen Fototermin oder ein kurzes Interview nachkommen.

Nachdem er mit der Presse gesprochen hat, möchte er einer Probe beiwohnen. Kurz darauf hat er das unglaubliche Aufeinandertreffen des Brel-Repertoires mit den modernen Choreografien der *Beijing Modern Dance Company* in die Hand genommen. Er entscheidet alles, Bewegungen, Beleuchtung, Ton, Auftritte, Abgänge, einfach alles und bis in die kleinste Einzelheit. Nach zwei Stunden sitzt die Show. Zufrieden ruft er aus: «Das ist sehr modern, eine Reise des französischen Chansons in die Vorstellungswelt von morgen! Es erinnert mich an die Choreografien von Bob Wilson. Ich war es, der seinem ersten Ballett ‹*Deafman Glance*› im Espace Cardin zum Erfolg verhalf. Ich habe es auf die Bühne gebracht. Das Stück ging vier Stunden! Und war ein Riesenerfolg. Aber Bob Wilson ging mir nun wirklich auf die Nerven! Er wollte unmögliche Dinge für seine Inszenierung: lebende Schlangen, eine riesige Schildkröte, einen Affen und, das war der Gipfel, eine Giraffe! Die habe ich nicht aufgetrieben. Mein Theater ist doch kein Zoo! Tatsächlich wurde er sehr wütend! Ich habe den Tanz schon immer geliebt. Auch das ‹*Pilobolus Dance Theatre*›, diese außergewöhnliche Tanztruppe, war mein Werk. Ich habe sie durch die ganze Welt reisen lassen. Gut. Na los, ich lade euch jetzt alle zum Abendessen ins Pekinger Maxim's ein. Das ist doch originell, oder? Es wird euch bestimmt gefallen. Als ich es damals eröffnete, war es sofort ein großer Erfolg. Es war das einzige kapitalistische Restaurant in dieser kommunistischen Welt, und jeden Abend strömten die Politiker herbei. Sie kamen alle und wollten die Anfänge der westlichen Moderne kennenlernen, während sie gleichzeitig eine völlig neue Küche entdeckten. Ich hatte damals einen sehr guten Koch.»

Unsere völlig surreale Aufführung findet unter den verwirrten Blicken eines Publikums statt, das gar nicht versteht, was da vorne vor sich geht. Aber aus Disziplin, Höflichkeit und gewiss auch Bewunderung jubeln sie Pierre Cardin zu, als er nach dem Finale für die Verbeugung auf die Bühne tritt.

Als der Vorhang fällt und Pierre uns allen zu diesem seltsamen Erfolg gratuliert, wirft sich mir eine junge Frau aus dem Publikum in die Arme.

«Gérard, was für eine Überraschung! Was machst du denn in Peking?»

Ich brauche ein paar Sekunden, bis ich eine Freundin wiedererkenne, die Jahre zuvor Paris verlassen hat, um nach China zu gehen. Sie erklärt mir, dass sie jetzt Beraterin des Bürgermeisters von Kanton ist, der sie damit beauftragt hat, einem seiner Freunde zu helfen, Zhang Yuchen, ein reicher, chinesischer Bauunternehmer, der in Peking ein Schloss im französischen Stil errichten lassen will, was einige Jahre später tatsächlich verwirklicht werden sollte. Meine Freundin lädt Monsieur Cardin und die gesamte Truppe für den nächsten Tag zum Mittagessen ein. Pierre, der selbst bereits zwei, drei Schlösser besitzt, ist natürlich begeistert.

Tags darauf zeigt uns Herr Zhang persönlich die exakte Nachbildung des Schlosses Maisons-Laffitte, das Mitte des 17. Jahrhunderts von François Mansart erbaut wurde. Herr Zhang ließ für den Bau sämtliche Steine aus Frankreich importieren. Die Kopie wirkt perfekt, abgesehen davon, dass das Schloss neu ist. Ein funkelnagelneues Schloss aus dem 17. Jahrhundert zu sehen, ist ein ziemliches Erlebnis. Überraschend ist, dass der Haupthof des Schlosses mit einer Rekonstruktion der Kolonnaden vom Petersplatz abgeschlossen wird. Die Besichtigung ist dennoch beeindruckend, und wir gehen an prunkvollen Sälen, Statuen, Fresken, Wasserbecken und Springbrunnen vorbei, die einen riesigen, weitgehend vom Schloss Vaux-le-Vicomte inspirierten Garten schmücken.

Im Verlauf des Mittagessens erzählt uns meine Freundin die Geschichte des neuen Schlosses. Über mehrere Jahre hinweg organisierte sie für Herrn Zhang die Besichtigung französischer Schlösser, doch der sagte jedes Mal im letzten Moment seinen Besuch in Frankreich ab. Sie wollte schon die Flinte ins Korn werfen, als Herr Zhang eines Tages unerwartet erschien und darum bat, ein paar Schlösser zu besichtigen. Völlig unvorbereitet nahm sie ihn in das erste, gerade offene Schloss mit: Maisons-Laffitte. Am Ende dieses einzigen Besuchs erklärte Herr Zhang: «Ich möchte keine anderen Schlösser mehr sehen, ich will das hier!»

Einige Wochen später machten sich Architekten, Steinhauer, Raumausstatter, Bildhauer und Gärtner an die Arbeit. Nach nicht einmal zwei Jahren war das Schloss fertig.

«Und wie hoch waren die Baukosten?», erkundigt sich Pierre.

«Vierzig Millionen Euro.»

«Das ist ziemlich teuer. Aber bald werden die Chinesen es mir gleichtun und das Original kaufen.»

Auf dem Flug zurück nach Frankreich setze ich mich neben ihn, um über die Reise zu sprechen. Kurz darauf fordert der chinesische Flugbegleiter mich auf, an meinen Platz zurückzukehren – Pierre sitzt in der ersten Klasse, ich mit meinen Musikern in der Economy. Als der Steward hartnäckig bleibt, zückt Pierre seine Brieftasche und steckt ihm eine Handvoll Dollar zu, damit wir unser Gespräch fortsetzen können. Bevor er später einnickt, schlägt er mir vor, die Tanztruppe für das Festival nach Lacoste zu holen und die Aufführung unter dem Titel *«Brel, jusqu'au bout du monde»* auf die Bühne zu bringen.

Les trois cloches

Wir sind auf dem Weg nach Lacoste zur Pressekonferenz des siebten Festivals, das wie jeden Juli im Steinbruch des Schlosses stattfindet. Unser Zug hat Paris um 11 Uhr 25 verlassen und soll planmäßig um 13 Uhr 45 in Avignon ankommen. Pierre sitzt bequem in einem Viererabteil der ersten Klasse, er ist in Hochform und verteidigt einer Journalistin gegenüber seine Errungenschaften in Lacoste. Er greift seine Lieblingsthemen auf:

«Ich will aus diesem Dorf ein Künstlerdorf machen.»

«Lacoste wird bald das Saint-Tropez des Luberon sein.»

«Ich habe in Lacoste das größte Opernfestival der Welt geschaffen.»

«In seinem Schloss in Lacoste empfing Sade die größten Musiker seiner Zeit. Und ich empfange die größten zeitgenössischen Künstler der ganzen Welt.»

«Nein, ich bin kein Mäzen. Ich mache mir selbst eine Freude, indem ich die größten Interpreten einlade, um auf den Spuren des Göttlichen Marquis zu wandeln.»

«In Lacoste habe ich drei Theater und zwei Kinos, die ich selbst habe erbauen lassen. Wenn man das nicht einen Kulturpalast nennen kann ...»

«Das abenteuerliche Abenteuer von Lacoste», erzählt von seinem Protagonisten! Ich mache mich ganz klein, um besser zuhören zu können. Ich kenne Lacoste gut, da ich dort zahlreiche Stücke zur Aufführung gebracht habe. Es ist ein kleines 400-Seelen-Dorf, das am Hang eines Hügels des Luberon liegt und von einem hohlen Zahn überragt wird: den Ruinen des Schlosses des Göttlichen Marquis. Das Dorf verschwand für mehrere Jahrhunderte in der Rumpelkammer der Geschichte und wurde eines schönen Tages, ohne darum gebeten zu haben, durch die unerwartete Ankunft des Göttlichen Cardin aus seinem Schlaf gerissen. Die Bewohner besitzen eine Derbheit, eine Unabhängigkeit und ein gewisses

Bewusstsein ihres spirituellen und zugleich anarchistischen (vielleicht auch libertinären) Schicksals. Sie sind Stein- und Bildhauer, Künstler und Maler, und alle sind sie Weinbauern und Landwirte. Seit Jahrhunderten pflegen sie jenen Geist der rebellischen Unabhängigkeit, der außergewöhnliche Künstler wie André Breton, Pablo Picasso, René Char und Henri Cartier-Bresson in ihr Dorf lockte. Doch sie blieben nicht, denn sie besaßen nicht jenen fantastischen Geist, den es gebraucht hätte, um haltzumachen und sich hier niederzulassen, jenen Geist, der dem Marquis de Sade gefallen hätte und an dem Pierre Cardin gewiss schon bei seiner Ankunft Gefallen fand.

Im Gegensatz zu seinem Nachbarort, dem katholischen, sonnigen und touristenfreundlichen Bonnieux, hat sich Lacoste lange gegen jegliche Invasion gewehrt und glaubte sogar, ein ruhiges Dasein zu führen, man konnte sich nicht vorstellen, dass sich dies eines Tages durch die Ankunft von Pierre Cardin ändern würde.

«Ich bin 2001 durch Zufall in dieses kleine Dorf gekommen. Und war sogleich wie verzaubert. Ich begriff, dass ich dort Orte erschaffen konnte, um Kulturschaffende anzulocken, um aus diesem Dorf ein Dorf für Künstler aus aller Welt entstehen zu lassen, ohne den ganzen Showbiz-Rummel. Während zwanzig Jahren habe ich es instand setzen lassen. Zuerst das Schloss, das eine Ruine war. Heute könnte ich es, wenn ich wollte, bewohnen, aber da oben bläst immer so ein heftiger Wind. Den aufgegebenen Steinbruch habe ich in ein Open-Air-Theater mit neunhundert Plätzen umgestaltet. Ich habe auch ein Kino mit vierhundert Plätzen gebaut und zwei Restaurants eröffnet. Im Herzen des Dorfes gibt es jetzt eine Bäckerei, ein Lebensmittelgeschäft und ein Café. Sie können sich gar nicht vorstellen, was ich alles getan habe! Ich habe in sieben Jahren mehrere Millionen Euro investiert und für Dutzende von lokalen Unternehmen Arbeitsplätze geschaffen.»

Die Journalistin scheint von dieser selbst gehaltenen Lobrede nicht ganz überzeugt.

«Dennoch geht das Gerücht, die Leute in Lacoste behaupteten,

Sie hätten das Dorf durch den Kauf von etwa fünfzig Häusern regelrecht leer gefegt.»

Ich versinke noch etwas tiefer in meinem Sitz, um die Gegenargumentation voll und ganz zu genießen.

«Das ist nur eine Minderheit, und diejenigen, die mir ihr Haus verkaufen wollten, haben ein gutes, ein sehr gutes Geschäft gemacht. Im Übrigen haben alle in der näheren Umgebung des Dorfes gebaut und sind jetzt in ihren neuen Häusern glücklich. Ich habe die Häuser des Dorfes komplett instand gesetzt, und sollte ich Lacoste eines Tages verlassen, würde ich ein Dorf in tadellosem Zustand hinterlassen, ein Dorf, das seine ursprüngliche Identität bewahrt hat und dessen Bewohnern es erspart geblieben ist, von Souvenirläden, Zikadenhändlern und Lavendelverkäufern überschwemmt zu werden. Dieses Dorf hat einen einmaligen Charakter, und den muss man erhalten.»

«Aber wenn das Dorf leer steht, gibt es doch keine Arbeit mehr.»

«Es wird nie leer stehen. Ich kämpfe jeden Tag dafür. Im Übrigen habe ich alles versucht. Ich habe vorgeschlagen, auf meinen Ländereien einen Golfplatz anzulegen, einen 20-Loch-Golfplatz. Ein paar wenige widerspenstige Landwirte haben mich bedroht, dabei hätte ich rund fünfzig Arbeitsplätze geschaffen.»

«Sie meinen wohl einen 18-Loch-Golfplatz?»

«Nein, einen 20-Loch-Golfplatz! Einen Pierre-Cardin-Golfplatz! Auch einen Reiterhof wollte ich aufmachen, doch es war das gleiche Spiel!»

«Aber die Häuser, die Sie instand gesetzt haben, stehen doch leer!», beharrt die Journalistin.

«Hören Sie. Würde ich sie nicht nur wiederaufbauen, sondern auch vermieten, würde man mir vorwerfen, dass ich unrechtmäßig Geld verdiene. Aber ich tue das alles nicht, um Geld zu verdienen. Ich tue es, weil das Bauen eine Fortführung meiner Arbeit ist. Wenn ich ein Haus restauriere, gebe ich genauso viel Herzblut dafür, wie wenn ich ein Kleid zeichne oder einen Mantel entwerfe. Es ist das Gleiche: Ich kleide ein Dorf ein! Und glauben Sie mir, ich tue nicht nur so. Ich komme jede Woche hierher. Ich verfolge die Bauarbeiten sehr genau, wissen Sie. Ich stamme selbst aus einer Bauernfamilie, ich weiß, wie man ein Haus baut.»

Mit sanfter, fast flüsternder Stimme schlägt Pierre seine Gesprächspartnerin in Bann. Der unaussprechliche Charme, in den er seine Worte hüllt, mildert deren Kühnheit. Ich sehe es, die Journalistin ist kurz davor, seinem Charme zu erliegen. Auch sie, die nach einer Schwachstelle in seiner Rede sucht, scheint es zu spüren.

«Man erzählt sich, Sie seien entführt und mehrere Stunden lang gefangen gehalten worden, weil Sie angeblich schlecht über die Bewohner von Lacoste gesprochen haben. Ist das wahr?»

«Im Gegenteil, ich liebe die Bewohner von Lacoste! Diese Geschichte ist dumm. Sie beruht auf einem einfachen Missverständnis, das während eines Interviews mit einem Ihrer Kollegen aufkam. Einem Missverständnis, auf das er sich sofort gestürzt hat. Ich habe die Wahrheit gesagt. Ganz einfach. Ich sage immer die Wahrheit! Wie Jean Cocteau schrieb: ‹Ich bin eine Lüge, die immer die Wahrheit sagt.› Ich bin ein Mann, der viel reist, der Menschen aus der ganzen Welt getroffen hat. Ich bin nicht stolz darauf, aber so ist es nun mal. Wohingegen die Bewohner von Lacoste in ihrem Dorf geblieben sind. Das heißt aber nicht, dass sie minderwertig wären. Im Gegenteil, sie haben eine ganz besondere Persönlichkeit, eine wunderbare Energie, eine große Kraft und zugleich Zärtlichkeit. Sie sind einzigartig. Und ich teile gerne mit ihnen ihre Andersartigkeit … Lieben oder geliebt werden, was solls, man kann nicht von allen geliebt werden.»

Der Zug fährt in den Bahnhof von Avignon ein.

Der Mistral bläst, und heftige Windböen erfassen uns. Dann erlebe ich eine Szene wie aus einem echten Witzfilm: Alle Taxifahrer springen aus ihren Wagen und rennen auf uns zu. Jeder versucht, Pierres Gepäck als Erster zu ergreifen. Pierre dagegen durchquert unerschütterlich die Staubwirbel des Taxistands, mit flatterndem Schal und einem Lächeln auf den Lippen. Plötzlich kommt ein Fahrer vergnügt hüpfend auf uns zu. Er zieht seine

Hosenbeine hoch und schreit los: «Monsieur Cardin! Monsieur Cardin! Sehen Sie, ich trage Socken von Pierre Cardin. Ich trage Ihre Socken, Monsieur Cardin, steigen Sie bei mir ein!»

Alle brechen in Lachen aus. Die anderen Fahrer tragen ihren Kollegen im Triumph zu seinem Taxi, in das Pierre einsteigt und so den heftigen Böen des Mistrals entkommt. Im Wagen wendet sich Pierre, bevor er einschläft, an den Fahrer: «Ich nehme immer ein Taxi nach Lacoste. Ich mag Taxis. Ich kann es nicht leiden, wenn man mich am Bahnhof abholt. Das ist reine Zeitverschwendung für mein Personal, das hat ja ohnehin schon viel zu tun. Außerdem muss ich in einem Taxi keine Konversation machen.»

Auf gehts also zum zweiundvierzig Kilometer entfernten Lacoste.

Die Rückkehr am Tag darauf geht zügiger.

Nachdem Pierre die Journalistin durch seine verschiedenen Wohnsitze geführt, vor rund fünfzig Lokalkorrespondenten das Programm des nächsten Festivals vorgestellt und für die Buchhaltung Schecks ausgestellt hat, bleibt ihm gerade noch Zeit, in ein Taxi zu springen, um doch noch den Zug in Avignon zu erwischen.

«Ich muss heute Abend unbedingt in Paris sein, ich habe ein sehr wichtiges Abendessen im Maxim's.»

Wie vorhergesehen, ist der Zug voll besetzt. Und natürlich haben wir zuvor keine Plätze reserviert. Am Schalter erklärt man Pierre, dass er ohne Reservierung nicht in den TGV einsteigen darf. Er öffnet seine Brieftasche und kauft zwei Billette.

«Schnell, Gérard, schnell! Folgen Sie mir!»

Wir rennen auf den Bahnsteig. Kaum sind wir eingestiegen, fährt der Zug auch schon ab.

«Bravo, Gérard, wir habens geschafft.»

Wir haben es zwar geschafft, stehen jetzt aber wortwörtlich ohne Sitzplätze da.

«Wir machen Folgendes: Sie suchen in den hinteren Wagen, und ich an der Spitze des Zuges.»

Ich durchquere alle Wagen bis ans Zugende, ohne auch nur einen einzigen freien Platz zu finden. Nichts! Ich mache kehrt und sehe Pierre, wie er im Speisewagen auf einem einzelnen kleinen Hocker sitzt.

«Gérard, sehen Sie auf der anderen Seite nach. Ich bewache so lange sorgsam diesen Hocker. Wenn Sie nichts finden, kommen Sie zurück, und wir arrangieren uns.»

Also gehe ich auf die Suche nach einem freien Platz bis zur Spitze des Zuges, kehre aber unverrichteter Dinge zurück.

«Das ist nicht weiter schlimm. Wir wechseln uns einfach ab und überlassen uns den Hocker abwechselnd.»

Und auf gehts zur Pariser Gare de Lyon, abwechselnd auf einem Hocker.

Le cinéma

«Gérard, Monsieur Cardin möchte mit dir zu Mittag essen. Er erwartet dich im Schloss Les Quatre Tours.»

Ein sonderbarer, ungewöhnlicher Telefonanruf: Man teilt mir mit, dass Pierre Cardin, achtundneunzig Jahre alt, mich um ein Uhr mittags zum Essen erwartet, während sich alle möglichen Leute aus den verschiedensten Gründen vergeblich bemühen, ihn zu treffen, und er in seinem Schloss niemanden mehr empfängt.

Ich mache mir Sorgen.

«Wer kommt noch zu dem Mittagessen?»

«Niemand außer dir. Er will mit dir allein essen. Alles ist vorbereitet, er erwartet dich. Er will, dass du pünktlich um dreizehn Uhr ins Schloss kommst», wiederholt Paco zum dritten Mal.

Paco ist Pierres Fahrer. Zusammen mit seinem Sohn ist er auch beauftragt, sich um ihn zu kümmern. Sie wechseln sich Tag und Nacht ab, um Pierre in seinem neunundneunzigsten Lebensjahr dabei zu helfen, den Rest seines Lebens zu meistern, so als wäre nichts. Und mit achtundneunzig Jahren ist das alles andere als leicht!

Tatsächlich bewegt Pierre sich nur mit Mühe fort, aber er verweigert jedes sichtbare Hilfsmittel, denn er will nichts an seinem Leben oder seinem Image ändern. Er wohnt noch allen Aufführungen und Filmvorführungen bei, unterstützt und begleitet von seinen vermeintlichen Getreuen, die sich wie die Kesselflicker darum streiten, neben ihm zu stehen, für den Fall, dass irgendein Fotograf sie mit aufs Bild nimmt.

Sobald der Jaguar beim Festival von Lacoste lautlos an den Zuschauerrängen vorfährt, eilen diese «Getreuen» herbei, um ihm, vor neugierigen Blicken geschützt, aus dem Auto zu helfen – was eine gute Viertelstunde dauert –, bevor sie langsam neben ihm zu seinem reservierten Platz gehen. Man setzt ihn hin, deckt ihn mit einer Decke zu, und kaum, dass er in seinem Sessel sitzt, sinkt er auch schon in tiefen Schlaf. Doch sobald es im Saal dunkel wird und die drei Glockenschläge ertönen, öffnet er die Augen und richtet sich auf. An seinem eindringlichen Blick, seiner Fieberhaftigkeit und seiner Ungeduld erkennt man jenen Mann wieder, der hellwach, im Vollbesitz seiner Kräfte und bereit ist, dem Verlauf der Aufführung mit größter Aufmerksamkeit zu folgen. Stets kommentiert er, begeistert sich, bricht in Entzücken aus – ohne jede Kritik – und ist Teil der Aufführung. Wenn der Vorhang gefallen ist, lässt er, ohne zu murren, eine lange Fotosession mit dem Publikum über sich ergehen. Versunken in seinen Sessel, verteilt er mit unendlicher Geduld Komplimente, lächelt und erzählt Anekdoten. Am Ende dieser Übung, die er schicksalsergeben erduldet, hilft man ihm auf, stützt ihn diskret und begleitet ihn zu seinem Wagen.

Gelegentlich kommt es vor, dass ein Dinner den Abend verlängert. Pierre speist ausgiebig im Schlosshof, dankt jedem Schauspieler für seinen Beitrag, und an diesen Abenden spürt man über allem den Geist des Göttlichen Marquis schweben. Selten zieht sich Pierre vor zwei Uhr morgens zurück. Es wäre untertrieben zu sagen, dass er sich für den Rest des Tages «ausruht».

Eine Einladung zum Mittagessen ist infolgedessen ein absolut außergewöhnliches Ereignis, das man nicht ablehnen kann und das außerdem alle eifersüchtigen Geister an seinem Hof zutiefst erschüttert.

Ich begebe mich also unverzüglich ins circa drei Kilometer von Lacoste entfernte Schloss Les Quatre Tours. Pierre hat es vor rund zwanzig Jahren erworben und es nach seinem Geschmack umgebaut, wie gewöhnlich ohne sich um die elementarsten Regeln des Denkmalschutzes zu kümmern.

Der Park und das Schloss wirken wie einem Märchen entsprungen: von geflügelten Pferden umstandene Brunnen, ein Pool à la Hollywood, Alleen mit aus dem Louvre-Katalog inspirierten – ja sogar kopierten – Statuen, Elfen, Gnome und Kobolde auf jedem Rasen. Ins Innere gelangt man durch einen ausgesprochen großen Empfangssaal, der mit sämtlichen Errungenschaften der Technik ausgestattet ist (riesiger Flachbildfernseher, Elektropiano, Hightech-Lautsprecheranlage) sowie mit einigen Möbeln, natürlich alles Sammlerstücke, auf denen sich die bunt zusammengewürfelten Trophäen des Hausherrn (Gästebücher, Fotos von großen Persönlichkeiten, echte Antiquitäten) häufen, dazu ganze Sammlungen an Gemälden, Notenständern, Drehorgeln und Holzpferden. Am Ende dieses ausladenden Raumes schwingt sich eine große, weiße Marmortreppe in die oberen Stockwerke empor, wo sich vier, fünf diskret, ja spartanisch eingerichtete Zimmer aneinanderreihen, die einen einfachen und praktischen Komfort bieten. Pierre wohnt ohnehin nicht im Hauptgebäude, er zieht eines der ehemaligen Torhäuser vor, eine kleine, fünfzehn Quadratmeter große Einzimmerwohnung.

Das Schloss ist etwas abgelegen, windgeschützt hinter einem kleinen Eichenwald verborgen, im Gegensatz zum Schloss von de Sade, das er ein paar Jahre zuvor erworben hat und das kaum bewohnbar ist, da der Mistral unablässig durch das alte Gemäuer pfeift und wie ein eifersüchtiger Hüter über die Geheimnisse und das Gespenst des Göttlichen Marquis wacht.

Ich trete durch das mächtige, von zwei brüllenden Löwen gesäumte Portal und folge einem schmalen Weg, der mich ins Innere des Anwesens führt. Die Sicherheit des Schlosses scheint hier keine Priorität zu haben. Trotz mehrerer Einbrüche dient jedes Gebäude des Schlosses weiterhin als Lager für Hunderte von Antiquitäten, Möbeln, Kunstwerken aus aller Herren Länder sowie verschiedensten Sammlungen, die Pierre auf seinen zahlreichen Reisen zusammengetragen hat. Ich gehe über den Rasen, steige drei Stufen hinauf, öffne die Tür des Empfangssaales und werde von zwei Bediensteten begrüßt: Paco und seinem Sohn, die mit der Betreuung des Meisters betraut sind. Pierre sitzt, auf ein bequemes Sofa gesunken, und wirkt fast wie in ewigen Schlaf gefallen.

«Er schläft», sagt Paco zu mir. «Wenn er aufwacht, wird er Hunger haben. Auf dem kleinen Tisch neben der Küche ist alles für sein Mittagessen vorbereitet. Du brauchst es nur noch aufzuwärmen. Na dann, guten Appetit! Wir sind in einer Stunde zurück.»

Ohne weitere Erklärung machen sich die beiden, erfreut über diese Auszeit, vergnügt davon.

Die Tür fällt hinter ihnen ins Schloss.

Ich bin mit Pierre Cardin allein.

Was höchst selten vorkommt, da er ständig von einer Prätorianergarde umgeben ist. Ihre Aufgabe – und ihr Privileg – besteht darin, dem Meister zuzuhören und für sein Wohlergehen zu sorgen, über seine Reisen zu wachen, auf seine Launen zu reagieren und ihn bei all den Aktivitäten, denen er weiterhin nachgeht, zu begleiten: Ausstattung seiner Besitzungen, Vorbereitung seiner nächsten Kollektion, Designen, Korrespondenz mit dem Institut, Besichtigung der Baustellen ... das heißt seiner täglichen Arbeit, denn auch mit achtundneunzig Jahren liebt er es, genauso viel zu arbeiten wie früher. «Ich muss jeden Tag arbeiten. Ich nehme nie Ferien. Wenn ich nicht arbeite, langweile ich mich.»

Ich überprüfe, ob tatsächlich alles gerichtet ist, und mache mich innerlich bereit, diese außergewöhnlichen Momente zu genießen. Allein sein mit Pierre Cardin, diesem 98-jährigen Genie, der beschlossen hat, nie zu sterben. «Ich bin müde, aber ich bin nicht krank, alle Untersuchungsergebnisse sind gut», antwortet er für gewöhnlich, wenn man ihn nach seiner Gesundheit fragt.

Jetzt eben schläft er vor einem Fernseher, der die Nachrichten herausbrüllt. Er wirkt tief versunken in seinen Träumen, wie in einer anderen Welt. Aber wovon träumt ein Pierre Cardin? Wohin kann er im Tiefschlaf entfliehen? Träumt er von einer Reise ins All? Von der Ewigkeit, die sein Titel als Mitglied der Académie des beaux-arts ihm verleiht? Von seinem Weltruhm? Von seinen neuesten Kreationen? Von den Abenteuern seines fast hundertjährigen Lebens? Vom Kauf eines sechsundfünfzigsten Hauses in Lacoste? Von seiner nächsten Kollektion? Von seinem Palast in Venedig? Von seinen Schlössern? Von seiner neuen Liebe?

Ich betrachte ihn, wie er daliegt und schläft, ruhig, entspannt, in völliger Sicherheit.

«Wer ist da? Bist du es, Rodrigo?»

«Nein, Pierre. Ich bins, Gérard! Ich bin gekommen, um mit Ihnen zu Mittag zu essen.»

«Rodrigo, du musst sofort den Bürgermeister von Venedig anrufen.»

Er scheint beim Aufwachen etwas verwirrt zu sein. Dann aber taucht er aus den Traumnebeln wieder auf und kehrt langsam zur Erde zurück.

Ich fühle mich privilegiert: Ich beobachte, wie einer der größten Schöpfer unserer Zeit erwacht.

«Gérard! Ach ja! Sehr gut. Haben Sie schon zu Mittag gegessen?»

«Nein, nein, Pierre, noch nicht. Ich bin gekommen, um mit Ihnen zu essen. Wenn Sie Hunger haben, es ist alles vorbereitet.»

«Aber ja doch, ich habe sehr, sehr großen Hunger!»

«Na dann, der Tisch ist gedeckt. Wollen Sie, dass ich Ihnen zu dem kleinen Tisch im Salon hinüberhelfe?»

«Ja, einverstanden. Also los, helfen Sie mir auf.»

Und nun beginnt ein wahrer Drahtseilakt, eine Nummer ohne Netz, mit der ich eigentlich nicht gerechnet habe: Ich muss Pierre vom Sofa heben und ihn bis zum Mittagstisch ein paar Meter entfernt begleiten. Einem 98-jährigen Mann aufzuhelfen, scheint mir keine große Sache zu sein. Ich bin in Form und Pierre wirkt entschlossen. So schwierig dürfte es nicht werden.

Doch schon beim ersten Versuch wird mir klar, dass es so einfach nicht wird. Ich strecke die Arme aus, um Pierre zu halten, und versuche mit aller Macht ihn hochzuziehen. Aber er scheint eine Tonne zu wiegen. Ich verdopple meine Anstrengungen und schaffe es zunächst, ihn vom Sofa hochzubekommen. Dann Stillstand. Nichts bewegt sich mehr. Erschöpft lasse ich los. Er fällt jäh zurück auf die Sofakissen.

«Nein, Gérard, so geht das nicht. Ich zeige es Ihnen. Geben Sie mir Ihre Hände.» Er verschränkt meine Arme und packt mich an beiden Handgelenken. Er hat eine unglaubliche Kraft. «Ich zähle bis drei. 1, 2, 3 – los! Ziehen Sie fest nach hinten.»

Ich bringe mich wieder in Positur und beuge mich mit aller Kraft zurück, in der Hoffnung, ihn so auf die Beine zu stellen.

Es gelingt mir, ihn nach und nach in die Höhe zu bringen, bis zu dem Moment, wo er vorwärtsgekrümmt über dem Sofa hängt. Und plötzlich geht wieder gar nichts! Es bewegt sich nichts mehr. Die Zeit hält inne. Wir stehen uns Auge in Auge gegenüber, nun ja, er nur halb aufrecht. Er wirft mir einen verzweifelten Blick zu und wartet darauf, dass ich weitermache. Ich versuche, ihn zu beruhigen. Es dauert nicht länger als ein paar Sekunden, aber ich spüre, dass ich in dieser grotesken Position nicht mehr lange durchhalten werde. Ich merke, wie meine Kräfte schwinden, und uns beiden wird klar, dass ich es nicht schaffen werde. Ich lasse ihn aufs Sofa zurückfallen. Wir versuchen es noch dreimal, ohne Erfolg. Schlimmer noch, zu meinem Entsetzen stelle ich fest, dass er bei jedem Zurückfallen ein Stück näher an der Sofakante aufkommt. Beim nächsten Versuch wird er sicher, ja unausweichlich runterrutschen und auf den Boden fallen. Und in Anbetracht seines Gewichts und seiner physikalischen Trägheit werde ich nicht in der Lage sein, ihn wieder auf die Beine zu hieven. In diesem Moment fühle ich mich allein, sehr allein. Ich stelle mir schon die Schreie vor, die Schmerzenslaute, weil er sich etwas gebrochen hat, oder sogar... Nein! Nein, ich kann unmöglich der Mann sein, der den Tod des weltberühmten Pierre Cardin verursacht hat. All die bösen Zungen in seinem Umfeld werden mich eines Verbrechens schuldig sprechen. Ich werde für immer und ewig der Mörder von Pierre Cardin sein! Mit dieser tragischen Hypothese konfrontiert, die viele sofort mit Freude annehmen würden, beschließe ich zu handeln.

«Pierre, wir müssen es tun!»

Und los! Ein letzter Versuch. In dem Moment, in dem ich ihn unvermeidlich loslassen muss, gebe ich noch einmal alles und drücke ihn mit ganzer Kraft nach hinten aufs Sofa. Gerettet, er ist gerettet! Aber er sitzt noch immer.

Von diesen Kraftanstrengungen erschöpft, blicken wir uns in der Stille unserer völligen Ohnmacht an.

«Pierre, ich habe eine Idee.»

«Und die wäre, Gérard?»

«Sie bleiben ruhig auf dem Sofa sitzen, und ich decke hier einen Tisch, ohne dass Sie aufstehen müssen.»

«Gute Idee, ich warte auf Sie.»

Die Lösung liegt auf der Hand: kein Aufstehen, kein Risiko. Leider auch kein Tisch!

Ich gehe durch den Raum, ohne auch nur einen einzigen Beistell- oder Konsoltisch aufzutreiben. Ich sehe keinen Tisch, den ich abräumen, kein leichtes Möbelstück, das ich ans Sofa heranrücken könnte. Nichts. Es gibt nur Stilmöbel, eine Louis-XVI-Kommode, eine Anrichte im Empirestil, eine Vitrine aus massiver Eiche, einen Louis-XV-Tisch – und alle viel zu schwer, als dass ich sie verrücken könnte. Das gibts doch nicht! Ich kann noch so sehr suchen, Bücher, gerahmte Fotos, Zeitschriften wegräumen: nichts. Das einzige bewegliche Möbelstück, das ich schließlich finde, ist der Klavierhocker. Das muss reichen! Ich packe das Teil, stelle es vor das Sofa in Pierres Reichweite und hole aus der Küche Besteck, Teller und die vorbereiteten Gerichte. Der Tisch ist gedeckt! Das Menü: Tomaten mit Mozzarella, ein dickes Steak, Salat, Käse und zum Nachtisch das unerlässliche, cremige Tiramisù.

Bis zum Hauptgericht geht auch alles relativ gut: Fleisch in winzige Stücke schneiden, die Vinaigrette auf der Seidenkrawatte und zum Nachtisch Tiramisù auf dem Revers des Blazers... alles «Zwischenfälle», die Pierre nicht zu stören scheinen. Ganz im Gegenteil, sie amüsieren ihn offensichtlich. Ich meinerseits knie zu seinen Füßen und gebe ihm Löffel für Löffel ein paar kleine Bissen, so wie man einen verletzten Vogel füttert. Da überkommt mich ein Gefühl von Zärtlichkeit und Trauer, eine tiefe Ergriffenheit angesichts der unübersehbaren Spuren des Alters, die nach und nach die Schönheit der Menschen und den Reichtum des Lebens auslöschen.

Wir beschließen unser Wohnzimmer-Picknick in einem komplizenhaften Schweigen, das mir zum ersten Mal offenbart, welche Freundschaft uns schon so lange verbindet, ohne dass sie jemals zutage getreten wäre.

Dann wendet sich Pierre mir zu.

«Also, Gérard, was ist das für ein Projekt, über das Sie mit mir sprechen wollen?»

Ich weiß, dass Pierre das Kino innig liebt. Zu Beginn seiner Karriere arbeitete er mit Jean Cocteau an den Kostümen für *«Die Schöne und das Biest»* zusammen, schloss mit Gérard Depardieu eine tiefe Freundschaft und machte, nicht zu vergessen, an der Seite von Jeanne Moreau eine kurze Erfahrung als Schauspieler – «Das mit Jeanne war in Brasilien. Ich spielte da einen Botschafter. Ich war sehr schlecht.»

Es ist die Zeit nach dem Lockdown, als alle Kinos geschlossen bleiben und die Kultur auf irgendeine Weise allen die Möglichkeit bieten soll, der allgemeinen Angst zu entkommen. Daher schlage ich Pierre vor, in Lacoste ein Filmfestival zu veranstalten, und zwar ein Festival mit den beliebtesten aller Kinostreifen: Musical-Verfilmungen. Sieben Nächte werden die größten Filme des Genres gezeigt: *West Side Story, Grease, Les misérables, Singin' in the Rain, Dirty Dancing*... Ein Freiluftkino (um den Corona-Schutzmaßnahmen gerecht zu werden) im Steinbruch von Lacoste mit einer Leinwand von siebzig Quadratmetern und siebenhundert Plätzen. Unser *Cinema Paradiso!* Man meint einen Film zu sehen, aber in Wirklichkeit erlebt man eine komplette Show: ein echtes Filmfestival mit Wochenschau, zeittypischer Werbung, Pausen, Platzanweiserinnen, die in den Pausen Esquimau-Eis verkaufen, und natürlich einem großen Film. Ein garantierter Erfolg! Dazu noch ein Regiewettbewerb, bei dem Videoclips zum Thema Musical eingereicht werden, um so die Kreativität der Jugend, die er so sehr liebt, anzuregen. Seine Antwort kommt sofort.

«Gérard, bereiten Sie für das nächste Festival alles vor. Ich will, dass Sie sich noch in diesem Jahr um diese Idee kümmern, das gefällt mir sehr. Ich mag auch den Wettbewerb. Es würde mir Spaß machen, einen jungen Regisseur auszuzeichnen. Ich liebe die jungen Leute. Und als Hauptpreis: einen Monat Hollywood mit Übernahme aller Kosten.»

Daraufhin dreht sich das Gespräch um die Einzelheiten des Projekts, das ihn wirklich begeistert.

«Gérard, Sie bereiten mir das Programm vor, wählen Ihr Team aus und erstellen das Budget.»

Das Projekt kann in Angriff genommen werden, das Festival wird stattfinden. Ich weiß, dass die Verwirklichung eines Projekts gesichert ist, sobald Pierre seine Zustimmung gegeben hat.

«Gérard, Sie kümmern sich um alles.»

Er strahlt. Er stürzt sich in ein neues Projekt, ein neues Abenteuer, vielleicht sein letztes: ein neues Festival.

«Möchten Sie einen Kaffee, Pierre?»

«Ja, gerne. Sie finden alles Nötige in der Küche.»

Da ich mich nicht besonders gut auskenne, begebe ich mich hinüber, ohne zu ahnen, welche letzte Herausforderung mich dort erwartet. Denn die Küche ist eine Art Kompromiss, etwas zwischen der Lebensmittelabteilung der Pariser Grande Épicerie und dem Nasa-Kontrollraum in Cape Canaveral! Maschinen aller Größen, Formen und Farben stehen neben Produkten aus aller Herren Länder in einem kunterbunten Mix aus Farben und Düften. In dieser sagenhaften Ali-Baba-Höhle, diesem exotischen Handelskontor eine Dose mit Kaffee in die Finger zu bekommen, erweist sich jedoch als ebenso abenteuerlich wie die Jagd nach dem madegassischen Regenbogenfalter! Eine Kaffeemaschine zu finden, ist dagegen ein Kinderspiel: Es gibt mindestens fünf verschiedene. Doch keine der vermeintlich einfachsten bis zur ausgeklügeltsten will das Geheimnis ihrer Funktionsweise preisgeben.

«Kommen Sie zurecht, Gérard?»

«Ich bin gleich zurück, Pierre!»

Angesichts der Komplexität meiner Aufgabe und des ausgesprochen dringlichen Anliegens setze ich schnell etwas Wasser auf dem Herd auf, greife nach einer fast leeren Dose Nescafé, spüle eine Tasse aus und bringe dem aus Venedig stammenden Experten für italienischen Kaffee, Monsieur Pierre Cardin, das seltsame Gebräu, das er in einem Zug trinkt, um so schnell wie möglich unser Gespräch wiederaufzunehmen. Als ich ihn frage, ob es ihm geschmeckt habe, dreht er sich zu mir um und antwortet ohne einen Funken Ironie: «Das ist der beste Kaffee, den ich je getrunken habe!»

Si la photo est bonne[16]

16   Lied von Barbara, 1967.

Gérard Chambre trägt Pierre Cardin
(Place Beauvau, Paris, ca. 1973).

Gérard Chambre posiert
vor der Boutique Pierre Cardin
(Paris, 1973).

Gérard Chambre mit Maryse Gaspard
auf dem Laufsteg für Pierre Cardin (ca. 1974).

Pierre Cardin und seine Models vor der Apollo-Mondlande-
fähre LEM (Museum der Nasa, Houston, 1971).
Von links nach rechts: Pierre Cardin, ein Angestellter der Nasa,
Nicole Alphand, André Oliver, Gilles Laugier, Gérard Chambre,
Maryse Gaspard und weitere Models.

Mittagessen im Schatten von Pierre Cardins Lieblings-
olivenbaum (Lacoste). (Bildnachweis: Odile Burnod, 2006)

Pierre Cardin und Gérard Chambre im Palais Bulles
(Théoule-sur-Mer). (Bildnachweis: Odile Burnod, 2006)

Pierre Cardins Lieder

J'aurais voulu être un artiste 5
Refrain des Chansons «Le blues du businessman»,
Michel Berger – Luc Plamondon, Starmania, 1978

Voyage, voyage 7
Desireless, 1986. Text: Dominique Albert Dubois und Jean-Michel Rivat

À Paris 13
Yves Montand, 1946. Musik und Text von Francis Lemarque

Every Time I Meet You 17
Frank Sinatra, 1949–1950. Text: Mack Gordon, Musik: Josef Myrow

Arrivederci Roma 25
Mario Lanza, 1957

The Show Must Go On 29
Song der britischen Rockband Queen,
1991 auf ihrem Album «Innuendo» veröffentlicht

Déshabillez-moi 37
Juliette Gréco, 1967

Souvenirs, souvenirs 45
Johnny Halliday, 1960

Lili Marleen 51
Marlene Dietrich, 1944

Back in the U.S.S.R. 57
The Beatles, 1968

J'suis snob 61
Boris Vian, 1954

Le Carnet à spirale 67
William Sheller, 1976

L'Aigle noir.. 75
Barbara, 1970

Les Champs-Élysées 79
Joe Dassin, 1969

Les bourgeois 87
Jacques Brel, 1961

Caruso 91
Lucio Dalla, 1986

L'Italiano 99
Toto Cutugno, 1983

J'ai la mémoire qui flanche 105
Jeanne Moreau, 1963

Nuits de Chine 111
Georgette Plana, 1970. Musik: Louis Bénech, Text: Ernest Dumont

Les trois cloches 117
Édith Piaf, 1946

Le cinéma.. 123
Claude Nougaro, 1962

Pierre Cardin gibt sich die Ehre

Mit Humor und großem Einfühlungsvermögen teilt Gérard Chambre mit uns in diesem Buch Erinnerungen aus über fünfzig Jahren künstlerischer Zusammenarbeit mit Pierre Cardin, der vor allem bekannt war für seine eigenwilligen Modekreationen. Er zeichnet so das intime Porträt eines großzügigen und in seiner Kreativität und Begeisterung ungebremsten, klugen Geschäftsmannes, der Kunst in all ihren Formen liebte. Wenig bekannt ist, dass er auch ein Talentsucher war, der Gérard Depardieu, Coluche und viele andere entdeckte; dass er Aufführungen (Václav Havel, Bob Wilson, Peter Handke), Ballette (Beijing Modern Dance Company) und Festivals (Opernmusik, Theater, Film) finanzierte – dies bis zu seinem letzten Atemzug mit großem Enthusiasmus, Temperament und ungebrochener Energie.

Gérard Chambre

Der Autor ist ein französischer Komiker, Schauspieler, Regisseur, Sänger und Komponist. Er lernte Pierre Cardin 1967 kennen, als er sich bei ihm als Model bewarb. Daraus entwickelte sich eine enge, kreative Freundschaft, die mehr als fünfzig Jahre andauerte und die geprägt war von gemeinsamen Reisen und beeindruckenden Projekten (Espace Cardin, Restaurant Maxim's).

Daniel Oesch
Seit Abschluss seiner Übersetzerausbildung in Zürich und Paris arbeitet Daniel Oesch als freischaffender Übersetzer in Zürich und Locarno. Von ihm sind folgende Übersetzungen im gleichen Verlag erschienen: Hélène Rumer, *Niedergeschlagen* (2012), Jean Chauma, *Fluchtpunkt.Paris* (2015), Joseph Incardona, *Nächster Halt: Brig* (2017), Joseph Incardona, *Striptease* (2020).

Titel der französischen Originalausgabe
Pierre Cardin tellement de choses à ne pas dire

Für die Originalausgabe
© 2022 Éditions Lunatique, Vitré

Für die deutschsprachige Ausgabe
© 2024 Pearlbooksedition Zürich
Alle Rechte vorbehalten.

ISBN 978-3-9525475-2-6

Lektorat: Katja Meintel
Satz und Korrektorat: Marco Morgenthaler
Bildbearbeitung: Manù Hophan
Umschlag: Antonin Crenn

www.pearlbooksedition.ch